FLAVIUS JOSEPHUS · DE BELLO JUDAICO
BAND III: ERGÄNZUNGEN UND REGISTER

Flavius Josephus

De bello Judaico
Der jüdische Krieg

Griechisch und Deutsch

Band III: Ergänzungen und Register

Herausgegeben
und mit einer Einleitung
sowie mit Anmerkungen versehen
von
Otto Michel
und
Otto Bauernfeind

Die Deutsche Nationalbibliothek verzeichnet diese Publikation
in der Deutschen Nationalbibliografie;
detaillierte bibliografische Daten sind im Internet über
http://dnb.d-nb.de abrufbar.

Das Werk ist in allen seinen Teilen urheberrechtlich geschützt.
Jede Verwertung ist ohne Zustimmung des Verlags unzulässig.
Das gilt insbesondere für Vervielfältigungen, Übersetzungen,
Mikroverfilmungen und die Einspeicherung in und Verarbeitung
durch elektronische Systeme.

Sonderausgabe 2013
© 1969 by WBG (Wissenschaftliche Buchgesellschaft), Darmstadt
Die Herausgabe des Werkes wurde durch die Vereinsmitglieder der WBG ermöglicht.
Einbandgestaltung: Peter Lohse, Heppenheim
Gedruckt auf säurefreiem und alterungsbeständigem Papier
Printed in Germany

Besuchen Sie uns im Internet: www.wbg-wissenverbindet.de

ISBN 978-3-534-25008-0

Elektronisch sind folgende Ausgaben erhältlich:
eBook (PDF): 978-3-534-26243-4

INHALTSVERZEICHNIS

Ergänzungen	VII
Abkürzungsverzeichnis	IX
Verzeichnis der Exkurse	XVI
Ergänzung zur Josephus-Literatur	XVIII
Ergänzung zur Einleitung	XX
Corrigenda	XXVII
Register	1
Vorbemerkung	2
Übersicht	2
I. Personen und Sachen	3
II. Griechische Begriffe	85
III. Orte	89
IV. Stellen	122
a) Altes Testament	122
b) Neues Testament	127
c) Außerrabbinisches Judentum	130
d) Qumrantexte	132
e) Rabbinische Literatur	135
f) Griechische und lateinische Schriftsteller	139
Karte von Palästina	

ERGÄNZUNGEN

ABKÜRZUNGSVERZEICHNIS

A^{corr}	Korrektur in frühester Zeit
A^{marg}	Randlesart
A^1	Urtext im Unterschied zu späteren Veränderungen
	Niese: manus prima
A^2	spätere Korrektur
Abel, Geographie	F. M. Abel, Géographie de la Palestine, 2 Bde. 2. Aufl., 1933. 1938
Abel, Histoire	F. M. Abel, Histoire de la Palestine depuis la conquête d'Alexandre jusqu'à l'invasion Arabe. Bd. I–II, 1952.
Abot	Traktat Abot
ant	Antiquitates
Apg	Apostelgeschichte
Apk. Bar.	Apokalypse Baruch
App.	Apparat
Appian, bell. civ.	Appian, Bellum civile
Iber.	Ἰβερική
Mithr.	Μιθριδάτειος
Pun.	Λιβυκή
Syr.	Συριακή
Arist. Ath.	Aristoteles, Politeia Athenaion
meteor.	De meteoribus
äth. Hen.	äthiopischer Henoch
A. Z.	Traktat Aboda Zara
BFchrTh	Beiträge zur Förderung christlicher Theologie (1897 ff.)
b (mit Namen des Traktates)	Babylonischer Talmud
Bauer	W. Bauer, Wörterbuch zum Neuen Testament, 5. Aufl. 1958
Ber	Traktat Berachot
bell	Bellum Judaicum
Bek	Traktat Bekhorot
Bibl.-hist. HWB	Biblisch-historisches Handwörterbuch
BIES	Bulletin of the Israel Exploration Society
Billerbeck	Strack-Billerbeck, Kommentar zum Neuen Testament aus Talmud und Midrasch, 6 Bde., 1922 ff.

Caesar, bell. civ.	Caesar, bellum civile
bell. Gall.	Bellum Gallicum
Cant.	Hoheslied
c. Apion.	contra Apionem
CD	Damaskusschrift (ed. L. Rost, Kl. Texte), 1933
Chag	Traktat Chagiga
Chron	Chronik
Chulin	Traktat Chulin
CIA	Corpus Inscriptionum Atticarum
Cicero, Att.	Cicero, Epistulae ad Atticum
Verr.	In Verrem
CIG	Corpus Inscriptionum Graecarum
CIJ	J. B. Frey, Corpus Inscriptionum Judaicarum, Bd. I–II, 1936
CIL	Corpus Inscriptionum Latinarum
CIS	Corpus Inscriptionum Semiticarum
cj	conjecit
cjj	conjecerunt
Clem. Hom.	Pseudoclementinische Homilien
cod. Berol.	Codex Berolinensis
Cod. Justin	Codex Justinianus
Cod. Lugd.	Codex Lugdunensis
codd.	Codices, alle Handschriften
Clem. Alex. Strom.	Clemens Alexandrinus, Stromata
CPJ	Corpus Papyrorum Judaicorum, ed. A. Tcherikover, A. Fuks, I–II, 1957. 1960
Dan	Daniel
Daremberg-Saglio	Ch. Daremberg – E. Saglio, Dictionnaire des Antiquités Greques et Romaines d'après les Textes et les Monuments, 1881 ff.
Dest.	Destinon
L. Dindorf	vgl. Niese p. LXXI
Dio Cass.	Dio Cassius
Diod. S	Diodorus Siculus
Ditt. Or.	W. Dittenberger, Orientis Graeci Inscriptiones selectae, 1903–1905.
Ditt. Syll.	W. Dittenberger, Sylloge Inscriptionum Graecarum, 3. Aufl. 1915 ff.
Dt	Deuteronomium
Dt. r.	Midrasch zu Deuteronomium
Dionys Hal	Dionysius von Halicarnass
ed. pr.	editio princeps
Ed.	Traktat Edujot

Abkürzungsverzeichnis

Enc. Jud.	Encyclopedia Judaica
Eph	Epheserbrief
ep. Arist.	Aristeasbrief
Epiphanius adv. haer.	Epiphanius, adversus haereses
de mens. et pond.	de mensuris et ponderibus
Eur. Ba.	Euripides, Bacchae
El.	Elektra
Euseb. Chron	Eusebius, Chronik
hist. eccl.	Kirchengeschichte
onomast.	Onomasticon
praep. ev.	praeparatio evangelica
Ex	Exodus
Ex. r.	Midrasch zu Exodus
Exc	excerpta
Ez	Ezechiel
GCS	Die griechischen christlichen Schriftsteller der ersten drei Jahrhunderte, 1897 ff.
Gen	Genesis
Gen. r.	Midrasch zu Genesis
Gittin	Traktat Gittin
Goodenough, Jewish Symbols	E. R. Goodenough, Jewish Symbols in the Greco-Roman Period, 12 Bde., 1953–1965
Hab	Habakuk
Hebr	Hebräerbrief
Hengel, Zeloten	M. Hengel, Die Zeloten, 1961
Herm. vis.	Pastor Hermae visiones
Hes	Hesiod
Hieronymus, Comm. in Jon.	Hieronymus, Kommentar zu Jona
Comm. in Osee	Kommentar zu Hosea
Onomast.	Onomasticon
Hippolyt Elenchos	Hippolytos, Refutatio onmium haeresium
Hom Il.	Homer, Ilias
Od.	Odyssee
Hor	Traktat Horajot
Horat. carm.	Horaz, Carmina
HUCA	Hebrew Union College Annual
IEJ	Israel Exploration Journal
j (mit Namen des Traktats)	palästinischer Talmud
JBL	Journal od Biblical Literature and Exegesis
Jdth	Judith
Jeb	Traktat Jebamot
Jes	Jesaja
Jew. Enc.	Jewish Encyclopedia

Abkürzungsverzeichnis

Jhdt	Jahrhundert
Joh	Johannes
Joma	Traktat Joma
JSS	Journal of Semitic Studies
Jub	Jubiläenbuch
Juster	J. Juster, Les Juifs dans l'Empire Romaine, 2 Bde., 1914
Justinus Epitome	Justinus Martyr, Epitome
Kelim	Traktat Kelim
Klag. Jer.	Klagelieder Jeremias
Ket	Traktat Ketubot
Ker	Traktat Keritot
Koh. r.	Midrasch zu Prediger
Kor	Korinther
Kön	Könige
Klausner	J. Klausner, historija schel hab-bajit haschscheni, 1954
Lactanz div. inst.	Lactanz, divinae institutiones
Lev	Leviticus
Lev. r.	Midrasch zu Leviticus
Liv.	Livius
Lk	Lukas
M	Mischna
Mal	Maleachi
Makk	Makkabäer
Mk	Markus
Mt	Matthäus
Meg Taanit	Megilot Taanit
Men	Traktat Menachot
Midr. r. Klag. Jer.	Midrasch Klagelieder Jeremia
Midr Cant	Midrasch Hoheslied
Midr Tanchuma	Midrasch Tanchuma
Moed Qatan	Traktat Moed Qatan
Nah	Nahum
Neh	Nehemia
Nov. Test.	Zeitschrift: Novum Testamentum
Num	Numeri
Num r.	Midrasch zu Numeri
Offb Joh	Offenbarung Johannes
Ohal.	Traktat Ohalot
Or. Sib.	Oracula Sibyllina
Ovid am.	Ovid, ars amatoria

Abkürzungsverzeichnis

Pap. Oxyr.	Papyrus Oxyrinchos
Pauly-W.	Pauly-Wissowa, Realencyklopädie für die klassischen Altertumswissenschaften
Peiresc.	Excerpta Peiresciana
Pesachim	Traktat Pesachim
Pes	Pesikta
Petr.	Petrus
Philo Flacc	Philo, in Flaccum
heres	quis rerum divinarum heres sit
leg. Gaj.	legatio ad Gajum
de mut. nom.	de mutatione nominum
quod omnis probus	quod omnis probus liber sit
somn.	de somniis
spec. leg.	de specialibus legibus
Plato leg.	Plato, leges
Plin. hist. nat.	Plinius, historia naturalis
Plut. Aem. Paul.	Plutarch, Aemilius Paulus
Cicero	Cicero
Marius	Marius
Mor.	Moralia
vit. Ant.	Vita Antonii
Polyb hist.	Polybius historia
Priscianus Grammaticus Gramm. Lat.	Priscianus Grammaticus, Grammatica Latina
Pros. Imp. Rom.	Prosopographia Imperii Romani 4 Bde., 1933–66
Prov	Proverbien
Pseud. Arist. mund.	Pseudo Aristoteles, de mundo
Pseud. Philo ant.	Pseudo Philo liber antiqutatum biblicarum
1Q Gen Ap	Genesis-Apokryphon
1 QH	Qumran Loblieder
1 QM	Kriegsrolle
1 Qp Hab	Habakuk-Midrasch
4 Qp Nah	Nahum-Midrasch
1 QS	Gemeinderegel
1 QSa	Gemeinschaftsregel
Qidd	Traktat Qidduschin
RB	Revue Biblique
Ri	Richter
Röm	Römer
Rosch hasch	Traktat Rosch haschana
RVV	Religionsgeschichtliche Versuche und Vorarbeiten

Abkürzungsverzeichnis

Sam	Samuel
Sach	Sacharja
Sallust Cat.	Sallust, Catilina
Sanh	Traktat Sanhedrin
SHA	Sitzungsberichte der Heidelberger Akademie der Wissenschaften
Schab	Traktat Schabbat
Scheb	Traktat Schebuot
Scheq	Traktat Scheqalim
Schlatter, Namen	A. Schlatter, Die hebräischen Namen bei Josephus, BFchrTh Bd. 17, 1913
Theologie	A. Schlatter, Die Theologie des Judentums nach dem Bericht des Josefus BFchrTh 26, 1932
Topographie	A. Schlatter, Zur Topographie und Geschichte Palästinas, 1893
Schürer	E. Schürer, Geschichte des jüdischen Volkes im Zeitalter Jesu Christi, Bd. I 3.–4. Aufl. 1901, Bd. II u. III 4. Aufl. 1907. 1909
Seneca ep.	Seneca, epistulae
Sib.	Oracula Sibyllina
Simch	Simchoni
Sota	Traktat Sota
Soph El.	Sophokles, Elektra
Trach.	Trachinierinnen
Strabo Geogr.	Strabo, Geographica
Suet. Caesar	Sueton, Gaius Julius Caesar
Claud	Claudius
Vesp	Vespasian
Sukka	Traktat Sukka
s v	sub verbo
syr	syrischer Text des bellum
Taanit	Traktat Taanit
Tac. Agric	Tacitus, Agricola
ann	Annalen
dial	dialogus
hist	historia
Tanch	Midrasch Tanchuma
Targ.	Targum
Test. Benj.	Testament Benjamin
Juda	Juda
Levi	Levi
Thack. Lex.	H. St. J. Thackeray, R. Marcus; A Lexicon to Josephus. 4 Lieferungen, 1930–1955

Th. Wb.	Theologisches Wörterbuch zum Neuen Testament, herausg. G. Kittel, 1933 ff.
Thuko.	Thukydides
Tim	Timotheus
Tos.	Tosephta
Varro ling. lat.	M. Terentius Varro, de lingua Latina
Weber	W. Weber, Josephus und Vespasian, 1921
Will	Williamson
Whiston-Marg.	Whiston-Margoliout
Xenoph. Cyr	Xenophon, institutio Cyri (Cyropaedia)
hell	Hellenica
memor.	Memorabilia
Zabim	Traktat Zabim
ZDMG	Zeitschrift der deutschen morgenländischen Gesellschaft
ZDPV	Zeitschrift des deutschen Palästina-Vereins
Zeph	Zephanja
ZNW	Zeitschrift für die Neutestamentliche Wissenschaft und die Kunde der älteren Kirche

VERZEICHNIS DER EXKURSE

Band I

			Buch	nach Anm.
Exkurs	I:	Akra	I	17
Exkurs	II:	Die herodianischen Bauten in Jericho	I	187
Exkurs	III:	Der Adler am Tempel zu Jerusalem	I	283

Band II, 1

Exkurs	IV:	Zur Auflösung des Rechts (παρανομία) durch die Zeloten	IV	37
Exkurs	V:	Die „Zeloten" bei Josephus bell. IV	IV	45
Exkurs	VI:	Die „Idumäer" bei Josephus bell. IV	IV	58
Exkurs	VII:	Simon bar Giora	IV	162
Exkurs	VIII:	Die Lage Jerusalems nach Josephus	V	35
Exkurs	IX:	Die Herodesburg	V	53
Exkurs	X:	Die Burg Antonia	V	102
Exkurs	XI:	Die Bronzeschekel aus dem „4. Jahr der Erlösung"	V	214

Band II, 2

Exkurs	XII:	Die Seelenlehre des Josephus	VI	13
Exkurs	XIII:	Das Osttor des inneren Tempelbezirkes	VI	139
Exkurs	XIV:	Die Bedeutung des „Zeichens" bei Josephus	VI	143
Exkurs	XV:	Der χρησμὸς ἀμφίβολος und seine Deutung	VI	150
Exkurs	XVI:	Die besondere Rechtsstellung der Juden	VI	166
Exkurs	XVII:	Die Bevölkerung Jerusalems ohne Pilger und Fremde	VI	221
Exkurs	XVIII:	Zum τύχη-Begriff des Josephus	VI	244
Exkurs	XIX:	Jerusalem nach der Zerstörung 70 n. Chr.	VII	15
Exkurs	XX:	Zur Schilderung des Triumphzuges nach Josephus	VII	66
Exkurs	XXI:	Zum Problem der Sikarier und des Verhältnisses der Aufstandsgruppen untereinander	VII	137

Verzeichnis der Exkurse

	Buch	nach Anm.
Exkurs XXII: Zur Quellenanalyse der Masada-Abschnitte bell. VII 252–406	VII	145
Exkurs XXIII: Zum archäologischen Befund in seinem Verhältnis zum Josephusbericht über die römische Belagerung Masadas	VII	147
Exkurs XXIV: Die Eleazarreden	VII	163
Exkurs XXV: Die geographische Bestimmung des Tempelgebietes von Leontopolis	VII	200

ERGÄNZUNG DER JOSEPHUS-LITERATUR

H. Graetz, Geschichte der Juden, Bd. 1–11, 1870 ff.
Ch. Daremberg – E. Saglio, Dictionnaire des Antiquités Greques et Romaines d'après les textes et les monuments, 1881 ff.
A. Schlatter, Zur Topographie und Geschichte Palästinas, 1893.
J. Juster, Les Juifs dans l'Empire Romain, 2 Bde., 1914.
A. Schlatter, Der Bericht über das Ende Jerusalems. Ein Dialog mit W. Weber, BFchrTh 28, 1, 1923.
H. Willrich, Urkundenfälschung in der hellenistisch-jüdischen Literatur, 1924.
R. Eisler, Jesus Basileus ou Basileusas, 2 Bde., 1929.
Res gestae divi Augusti. Das Monumentum Ancyranum, ed. E. Diehl (in: Kleine Texte, ed. H. Lietzmann, Bd. 29–30), 4. Aufl. 1925.
C. H. Kraeling, The Jewish Community at Antioch, JBL 51, 130–160, 1932.
F. Wutz, Die Transskriptionen von der Septuaginta bis Hieronymus, 1. Lieferung 1925, 2. Lieferung 1933.
L. Bernstein, Flavius Josephus: His Time and his Critics, 1938.
P. E. Kahle, Die hebräischen Handschriften aus der Höhle, 1951.
Th. Mommsen, Römisches Staatsrecht (Nachdruck der 3. Aufl.), 1952.
A. Schalit, Josef ben Mattitjahu, Qadmoniot haj-jehudim, Bd. 1 und 2, 1955; Bd. 3, 1963.
V. Tcherikover, Hellenistic Civilisation and the Jews, 1959.
P. E. Kahle, The Cairo Geniza, 2. Aufl. 1959.
W. R. Farmer, Textausgabe von W. Whiston – D. S. Margoliouth, 1960.
K. Latte, Römische Religionsgeschichte (Handb. der Altertumswiss., 5. Abt. 4. Teil), 1960.
H. Duensing, Verzeichnis der Personen- und der geographischen Namen in der Mischna, 1960.
G. Downey, A History of Antioch in Syria, 1961.
C. Roth, The Pharisees and the Jewish Revolution, JSS 7, 1962, 62–80.
B. Z. Wacholder, Nicolaus of Damaskus (University of California, Publications in History Bd. 75), 1962.
Biblisch-historisches Handwörterbuch, Bd. I–III (hrsg. von Bo Reicke und L. Rost), 1962–1966.
C. Roth, The Constitution of the Jewish Republic of 66–70, JSS 9, 1964, 295–319.
V. Tcherikover, Was Jerusalem a Polis? IEJ 14, 1964, 61–78.
G. R. Driver, The Judaean Scrolls, 1965.
H. Endrös, Flavius Josephus. Der jüdische Krieg Bd. I u. II, 1965 f.
A. Schalit, Evidence of an Aramaic Source in Josephus' Antiquitates of the Jews, Annual of the Swedish Theological Institute, Bd. IV 1965, 1966.

Ergänzung der Josephus-Literatur

G. Boettger, Lexicon zu Flavius Josephus, 1879, Neudruck 1966.
S. Sandmel, Herodes. Bildnis eines Tyrannen, 1968.
M. Hengel, Judentum und Hellenismus, Habilitationsschrift 1966 (im Druck).
J. Neusner, Religions in Antiquity (In Memory of E. R. Goodenough) 1968.
W. D. Davies, Reflexions on tradition, the Aboth revisited (History and interpretation) 1967.

ERGÄNZUNG ZUR EINLEITUNG
(Band I, S. XI–XXXVI)

§ 4: Zum gegenwärtigen Stand der Josephusforschung

Erst der Abschluß der Übersetzung und des Kommentars macht es uns möglich, den gegenwärtigen Stand der Josephusforschung zu überblicken. Die wichtigste der von uns verarbeiteten Literatur verdient es zudem, im Zusammenhang dargestellt und in ihrer Bedeutung für die wissenschaftliche Fragestellung gewürdigt zu werden.

Es hat seinen Grund, einen Überblick über die moderne Josephusforschung mit der Monographie von R. Laqueur, Der jüdische Historiker Flavius Josephus, 1920, zu beginnen. Laqueurs Arbeit wurde damals als „bahnbrechend" empfunden (vgl. W. Staerk, ThLZ 47, 1922, 493–495). Sie versucht eine eigene Rekonstruktion des Quellenmaterials unter der Voraussetzung, daß Josephus sich nicht als bloßer Abschreiber betätigt habe, sondern sein Werk weithin selbständig konzipierte (vgl. Vorwort VII f.). Die Quellen setzen sich sowohl aus fremdem Gut wie aus eigenen früheren Niederschriften zusammen. Die hermeneutische Voraussetzung ist für R. Laqueur die Wechselbeziehung zwischen Quellenmaterial einerseits und der geschichtlichen Entwicklung des Verfassers andererseits; man kann also aus der Benutzung der Quellen auf den Weg des Verfassers schließen und muß umgekehrt von dessen geschichtlicher Situation aus auf die Analyse des Textes zurückgehen. Das entscheidende Kriterium für die Darstellung der geschichtlichen Entwicklung des Josephus entnimmt R. Laqueur einem bestimmten Persönlichkeitsverständnis, das die charakterliche Konstanz des Josephus voraussetzt und sein Wesen von vornherein durch Skrupellosigkeit festlegt. – In der Entstehung der Vita – „Rechenschaftsbericht" (66–67), „vita II" (75–79), „vita III" (nach 100) – sieht R. Laqueur ein getreues Spiegelbild der literarischen Entwicklung des Josephus und des Verhältnisses seiner Werke zueinander. Man wird heute einen derartig exakt analysierten Aufriß für die Entstehung der Vita kaum wagen dürfen. Die Überlagerung der einzelnen Traditionsschichten scheint hier besonders schwierig zu sein (vgl. dazu Thackerays vorsichtige Beurteilung in seiner Einleitung zu vita S. XII–XV). Es ist wahrscheinlich, daß das josephinische Schrifttum ständig überarbeitet wurde und in neuen Überlagerungen zur Umbildung der Geschichtsdarstellung führte. Das gilt auch für die Entwicklung des Bellum:
1. die aramäischen Aufzeichnungen aus der Kriegszeit (c. Apion. 1, 50),
2. aramäisches Bellum,
3. griechisches Bellum (Proöm. bell 1, 3),
4. überarbeitetes griechisches Bellum (R. Laqueur S. 79; Thackeray, Josephus, The Man and the Historian 1929, 34 f.).

Ergänzung zur Einleitung

Das Geschichtsbild R. Laqueurs muß in ähnlicher Weise kritisch beurteilt werden. Man kann nicht von einer bereits vorgegebenen Persönlichkeitsbestimmung ausgehen, sondern sieht sich an den differenzierten Vorgang des Werdens eines Menschen verwiesen, der in eine geschichtliche Katastrophe hineingerät. Unter Aufrechterhaltung des hermeneutischen Prinzips einer wechselseitigen Beziehung zwischen Quellenmaterial und Entwicklung des Verfassers müßten nun die Intentionen entscheidend werden, anstelle der problematisch durchgeführten Charakterkritik. Vom modernen Standpunkt aus muß bei Josephus in konkreten Situationen durchaus Skrupellosigkeit zugegeben werden. Die Josephusforschung hat auf keinen Fall die Aufgabe, lediglich zu erklären, ohne zu bewerten. Es bleibt aber das Ziel, historisch ein Geschichtsbild zu erarbeiten, in dem die besondere Situation des Josephus und seine ständig überlagerten Selbstzeugnisse so exakt wie möglich zu fassen sind.

Der Entwurf W. Webers, Josephus und Vespasin, 1921, entstand ungefähr gleichzeitig mit dem von R. Laqueur (Weber, S. 1 Anm. 1). Auch ihn bestimmt das Interesse an der Person des Schriftstellers Josephus und die Frage nach seinen Quellen. Doch im Unterschied zu R. Laqueur sucht W. Weber nicht nach einem durchgehenden Prozeß im Leben und Werk des Josephus, sondern nach der grundsätzlichen Intention des Bellum als einem einzelnen Werk. Das hermeneutische Prinzip ist, zunächst scheinbar ähnlich dem R. Laqueurs, die innere Einheit von Person und Werk. Jedoch versteht W. Weber die Person einseitig nur von ihrem Bildungsgang her und stößt demzufolge auf die Diskrepanz zwischen dem Postulat eines „ungebildeten" palästinischen Juden und dem formal und inhaltlich durch griechisch-hellenistisches Bildungsgut ausgezeichneten Werk (S. 13). Die Diskrepanz erklärt W. Weber zunächst damit, daß der in der Agrippparede (bell. 2, 345–401) am besten zu fassende Autor ein „Römling" ist (S. 23), also über keine eigenen Traditionen und Intentionen verfügt (S. 63). Die vollständige Abwertung der Person des Schriftstellers vermag W. Weber durchzuhalten auf Grund seiner entscheidenden These einer „flavianischen" Quelle, die von Einzelheiten bis hin zur Gesamtintention das Bellum vorausbestimmt (S. 53 f., 59 u. ö.). Der Schriftsteller wird gleichsam zum „Publizisten" des flavischen Zeugnisses von der Entfaltung der Doxa des neuen Kaiserhauses (S. 54 f.). So stellt das flavianische Geschichtswerk die Grundlage der Quellenanalyse W. Webers dar. Es reicht mit Ausnahme von bell. 4 von 3, 3 bis 7, 162. Gemäß der traditionellen Geschichtsdarstellung berichtet das Werk den Aufstieg und Triumph der Herrscher und schließt mit dem Anbruch der glücklichen Zeit (S. 82, 106 ff., 287). In diese römische „Urquelle" werden von Josephus sogenannte „Judaica" eingeschoben. Sie gliedern sich in galiläische Aufzeichnungen des Josephus und eine jerusalemische Quelle, die aus Berichten von Überläufern und Freunden zusammengesetzt ist (S. 91–104). Über diese jüdischen Einlagen hinaus wurde das flavianische Geschichtswerk mit Hilfe der griechischen Assistenten erweitert durch das Proömium, Buch 1 und 2, das Zwischenstück Buch 4 und den Nachtrag 7, 163–455 (S. 62). Josephus verdankt seinen Assistenten sowohl die wissenschaftliche Methode der Bearbeitung des Stoffes als auch die Kenntnis der literarischen Vorbilder (S. 13 ff.). Die Struktur der römischen „Urquelle" wurde jedoch durch diese Erweiterungen unkenntlich gemacht.

Während analytische und sachliche Fragen, die R. Laqueur auf Grund des Materials gestellt hat, offenbleiben müssen, erheben sich gegen W. Webers Konstruktion schwerwiegende Bedenken. R. Laqueur ringt um den Historiker Josephus auf Grund dessen, was er aus dem Leben des Josephus einsetzen kann (Wechselbeziehung zwischen Aussagen und Existenz), während W. Weber das eigentliche historische Problem dadurch überdeckt, daß er das vorgegebene „flavianische Geschichtswerk" in den Vordergrund stellt und Josephus' sachlichen Beitrag – mit Ausnahme einiger Einlagen – auf redaktionelle Arbeit beschränkt. Um seine Konzeption durchzuhalten, muß Weber den Zusammenhang zwischen Buch 3 und 4 zerreißen, obwohl die Gestaltungsprinzipien in Buch 4 dieselben sind wie im übrigen Werk. Tatsächlich findet diese These auch keinerlei Berücksichtigung mehr in der späteren Josephusforschung. Das Problem der späthellenistischen Geschichtsschreibung tritt in dem Gespräch mit R. Laqueur und W. Weber besonders dringlich hervor. Der Hinweis auf den älteren Maßstab der ἀλήθεια (vgl. Thuk.; Weber S. 6 ff.) genügt nicht, um Komposition und Darstellungsweise des Josephus zu erschließen. Wir stehen innerhalb der seit Polybios bekannten *pragmatischen Geschichtsschreibung*, in der ein Ereignis nicht als solches, sondern in seinem Zusammenhang mit dem Vorher und Nachher dargestellt werden muß; das heißt, jedes Ereignis wird auf seine Ursache und Wirkung befragt. Dadurch erfolgt die Dreiteilung in Vor-, Haupt- und Nachgeschichte. Die Durchführung zeigt jedoch stärkere Berührung mit Dionys von Halikarnass, bei dem eine selbständige rhetorische Form der Geschichtsschreibung faßbar wird. Ziel der *Rhetorik* ist die unmittelbar ergreifende Darstellung einer Wahrheit (E. Norden, Antike Kunstprosa I 1958, S. 87). Josephus bzw. sein Werk kann also weitgehend von diesen Aspekten und Entwicklungen der pragmatischen Geschichtsschreibung her verstanden werden, was für die ältere Josephusforschung so noch nicht deutlich geworden war. Sicherlich ist ein Versuch, die schriftstellerische Verantwortung für die Gesamtkonzeption auf die Sekretäre abzuschieben, nicht grundsätzlich abzuweisen (vgl. c. Apion 1, 50), aber wohl auch nicht im Sinne von W. Weber anzunehmen. Vielmehr sind für den pragmatischen Geschichtsschreiber die drei folgenden Punkte die wichtigsten:

1. die Arbeit an den schriftlichen Quellen,
2. die geographische Erkundung auf Grund von Autopsie und
3. die Einsicht in das politische Handeln (vgl. A. Lesky, Geschichte der griechischen Literatur, 1957–58, S. 707).

Aus dem Zusammenhang mit dieser pragmatischen Geschichtsschreibung ist die Methodik des Josephus zu erklären. Das Problem der konkreten Geschichtserfahrung kann sich zuspitzen, wenn eine geschichtliche Wende bzw. Krise durchstanden ist, die das eigene Volk in seinem Bestand bedroht (Polybius, Josephus, Bellum). Daraus ergibt sich notwendig der zusammenfassende Versuch, das Phänomen der Gestaltung der Geschichte zu erfassen (vgl. den Zusammenhang zwischen Gesetzesverständnis und der Verfassung bei Polybius

Ergänzung zur Einleitung

und Josephus, Antiquitates). Geht es bei Polybius und in der griechisch-hellenistischen Geschichtsschreibung im allgemeinen um eine letzte kosmische Sinngebung des Geschehens, so liegt bei Josephus doch das Schwergewicht auf der Darstellung des Faktischen, in dem sich der Sinn zeigt (vgl. zur Bedeutung der Krise für die Geschichtsschreibung J. Kroymann, Römisches Sendungs- und Niedergangsbewußtsein, Eranion, Festschrift für H. Hommel, 1961). Hier darf Josephus' Selbständigkeit und der Umfang seiner Bildung keinesfalls unterschätzt werden. Schon auf Grund seiner priesterlichen Herkunft und seiner frühen politischen Tätigkeit bis hin zur Verbindung mit Rom war er zu einer stärkeren Auseinandersetzung mit der hellenistischen Kultur genötigt als die meisten seiner Landsleute.

Neue Anregung empfing die Josephusforschung durch den Versuch, das Problem des historischen Jesus aus Quellen außerhalb der Evangelientradition neu zu gestalten. R. Eisler hatte sich dabei in seinem großen Jesusbuch 'Ιησοῦς βασιλεὺς οὐ βασιλεύσας (I 1929) auf die von A. Berendts und K. Grass herausgegebene deutsche Übersetzung des slawischen Josephus Buch I–IV (1924) gestützt, der mit Hippolyt (Hegesipp) verglichen werden könnte. Die im slawischen Josephus gegebenen „Zusätze" über den uns bekannten griechischen Text hinaus haben eine lebhafte wissenschaftliche Diskussion ausgelöst, die aber bis zum heutigen Tage unbefriedigend verlaufen ist. Allerdings lassen sich gewisse Resultate zusammenfassen:

1. Die „Zusätze" des slawischen Josephus zu dem griechischen Text sind nicht einfach aus spätkirchlicher Legendenbildung zu erklären, sondern entstammen Motiven, die im einzelnen untersucht werden müssen. Man hat mit Recht auf jüdische Beeinflussung hingewiesen (älteres Material oder Interpolation), doch hat die weitergehende Behauptung, wir hätten hier Spuren eines älteren Josephustextes vor uns, der vielleicht einen doppelten Übersetzungsprozeß durchgemacht habe, immer wieder schärfste Kritik hervorgerufen. Vor allem stellen die Abschnitte über Johannes den Täufer vor schwierige Fragen der Traditionsentwicklung (A. Berendts S. 248 ff.; R. Eisler I 118 ff.).

2. Auffallend ist ferner, daß die auf den hellenistischen bzw. römischen Leser eingestellten Zusammenhänge unseres Josephustextes im slawischen Text zurücktreten, dafür aber die jüdische Frömmigkeit und Ausdrucksweise stärker hervorgehoben werden (problematisch die antirömischen Elemente, A. Berendts S. 205 ff.). Stil und Ausdrucksweise des slawischen Josephus sind gröber, oft midraschartiger als der Text des griechischen Josephus; wahrscheinlich hat er noch stärkere Entwicklungen durchgemacht als der griechische. Wichtig ist ferner, daß R. Eisler grundsätzlich den Konzeptionen von R. Laqueur in der Literarkritik folgt, daß er auch aus dem Vergleich zwischen Vita und Bellum entsprechende historische Konsequenzen zieht (z. B. in bezug auf die Stellung des Josephus in Galiläa). Diese Fragestellung, die mit Recht den Gegensatz zwischen Vita und Bellum aufreißt, sollte aber auch gattungsgeschichtlich angefaßt werden. Literarisch steht Bellum unter einem anderen schriftstellerischen Gesetz als etwa Vita. Bellum wird zu einer grundsätzlichen geschichtstheologischen Anklage und Verteidigung mit einer überpersönlichen Thematik, während Vita anekdotisch und pragmatisch aufbaut und das Ethos des

Schreibers angesichts der Handlungsweise verteidigt. Es liegt in der Natur der biographischen Gattung, daß sich aus ihr das historische Element besser erheben läßt.

Ähnlich wie R. Eisler, wenn auch unter anderen Gesichtspunkten, nimmt H. St. J. Thackeray, Josephus, The Man and the Historian, 1929, seinen Ausgangspunkt in der geschichtlichen Situation, in die Josephus hineingestellt ist und die nicht auswechselbar ist. Die Spannung zwischen Krieg und Frieden, Judentum und Hellenismus bestimmen die historische und literarische Problematik in den Schriften des Josephus. Die Frage nach dem „Charakter" wird zur Frage nach dem bestimmenden Beweggrund der Handlungen, der sich in allen Schriften des Josephus durchhält. Thackeray sucht also nach der bleibenden Selbstaussage des Josephus. Diese Frage läßt sich durch Vita besser entscheiden als durch Bellum. – Der Einfluß der Sekretäre wird von Thackeray auf die Vermittlung verschiedenen hellenistischen Traditionsgutes beschränkt (z. B. in ant. Nikolaos und Thukydides). Die Frage des slawischen Josephus wird mit Zurückhaltung und Vorsicht behandelt, da der vorliegende Text der zweiten griechischen Ausgabe des Bellum entspricht. Es ist auf die beiden Spannungsbereiche Krieg – Frieden und Judentum – Hellenismus kritisch zu achten. Die Friedenstradition, auf die Vita § 78 und Bellum 5, 376–419 in ganz verschiedener Weise Gewicht legen, ist in diesem Zusammenhang nicht eindeutig. Man muß ihren priesterlichen Grundcharakter berücksichtigen und darf den Begriff des Pazifismus nicht unabhängig davon einführen. Die andere Spannung Judentum – Hellenismus leidet bei Thackeray darunter, daß sie primär literarisch ausgewertet und die fast unlösbare Diskrepanz auf politischem und geistesgeschichtlichem Gebiet nicht genügend entfaltet wird. – Die wichtigen Fragen der gattungsgeschichtlichen Einordnung der Schriften des Josephus kommen auch bei Thackeray nicht heraus, was für die sachliche Bewertung der Josephusaussage notwendig einen Mangel bedeutet.

G. Ricciotti versucht in dem Einleitungsband seiner Josephusausgabe (1949) im Anschluß an Thackeray, dem er auch in den meisten Einzelfragen folgt, die Spannung zwischen Judentum und Hellenismus aus Leben und Werk des Josephus zu erklären. Das weltanschauliche Motiv des „Pazifismus" bei Thackeray wird bei G. Ricciotti ersetzt durch den persönlichen Ehrgeiz, also durch einen psychologischen Ansatz (vgl. R. Laqueur). Josephus ist charakterlos, zu jedem Kompromiß bereit, er wird Schriftsteller, um sein Verhalten zu rechtfertigen, und gibt aus diesem Grunde auch die Zeloten der allgemeinen Diffamierung preis (Bd. I S. 34–37). Neben der charakterlichen Verurteilung des Menschen Josephus steht bei G. Ricciotti das ruhmvolle Bild des Traditionsübermittlers. Die Arbeit an der Tradition wird bestimmt durch die Kultur Alexandriens, in der Judentum und Hellenismus, Moses und Platon, in einer einzigartigen Einheit erscheinen (S. 36). Diese Einheit bestimmt sowohl das Bellum als auch die Antiquitates. Das Bellum ist einerseits Darstellung der römischen virtus, die in Vespasian und Titus am glanzvollsten repräsentiert wird, andererseits stellt es in der Agripparede (bell. 2, 345–401) den idealen Juden vor, der Rom anerkennt und gleichzeitig die eigene Tradition nicht preisgibt (S. 69–71). Im Quellenproblem nimmt G. Ricciotti die Arbeit von

Ergänzung zur Einleitung

R. Eisler und H. St. J. Thackeray weithin auf (vgl. unsere Einleitung Bd. I S. XXIII–XXVIII).

Die methodische Kritik wird sich ganz besonders stark gegen G. Ricciotti richten, weil hier einerseits die persönlichen und literarischen Probleme psychologisiert werden, andererseits der Hellenismus des Josephus falsch bestimmt wird. R. Laqueur hatte bereits vom Ehrgeiz des Josephus gesprochen, aber die Entstehung des Schrifttums immer nur in Korrespondenz mit der geschichtlichen Entwicklung des Verfassers gesehen (vgl. R. Laqueur, Vorwort S. VIII). Schwer verständlich ist die Einordnung des Hellenismus des Josephus in die alexandrinische Tradition. In Wirklichkeit hat die pragmatische Geschichtsbetrachtung dieses Historikers nicht eigentlich idealisierende, sondern kombinatorische Tendenzen. Kombiniert werden nicht platonische Ideen, sondern geschichtliche Phänomene, die von Josephus durchsichtig gemacht werden. Es geht also um die Bewältigung des menschlichen Lebens, wie wir sie auch in den Denkformen der stoischen Philosophie wiederfinden. Sie führt dann zur pragmatischen Geschichtsbetrachtung, die das tragische Ereignis verarbeitet. Josephus erfährt das Tragische in doppelter Form: als Verlust der politischen Freiheit und als Zusammenbruch der Apokalyptik und des Zelotismus. Während die hellenistische Geschichtsschreibung die Erfahrung der geschichtlichen Krise mit der Frage nach dem bleibenden Gesetz überwindet, findet Josephus im Bellum die πρόνοια Gottes, d. h., er fragt nach der jeweils konkret ergehenden Weisung. So entsteht ein geschichtliches Denken, das sich der jeweiligen Situation stellen muß. Dabei werden die Lösungen stets durch die geschichtliche Entwicklung überholt; hieraus ergibt sich das eigentümlich fluktuierende Denken des Josephus (vgl. R. Laqueur), das heißt, daß der Ausgangspunkt unserer Exegese die tragische Geschichtserfahrung ist, nicht das Problem des Charakters oder des Ehrgeizes. Zum Ganzen vgl. E. Howald, Vom Geist antiker Geschichtsschreibung, 1944.

Im allgemeinen wird Josephus als Historiker von der griechisch-hellenistischen Tradition verstanden, während A. Schlatter grundsätzlich von seinem Judesein ausgeht. Judesein heißt: vom Gesetz her bestimmt sein, und das bedeutet Pharisäer sein. Das Bellum ist im Ganzen unjüdisch, d. h., es kann nicht aus der Feder des Josephus stammen, vielmehr stellt es den Auszug aus der heidnischen Universalgeschichte des Römers Antonius Julianus dar (vgl. Schlatter, Topographie). Aus diesem eigentlich „heidnischen Kern" des Bellum sind für A. Schlatter die inhaltlichen Spannungen zwischen Bellum und den übrigen Werken des Josephus zugleich erklärt. Sein Interesse an Josephus kann sich nunmehr im Schwergewicht auf Antiquitates verlegen, so daß er auch vor allem von hier den theologischen Standpunkt des Josephus zu bestimmen sucht. Josephus repräsentiert einen in griechisches Denken und Reden gefaßten Pharisäismus. Der Pharisäismus wird auf diese Weise rational verflacht. Diese Verflachung zeigt sich in der Verweltlichung des Schöpfungsbegriffes, in der bloß innerlichen Frömmigkeit und in dem liberalen Glauben, daß der Mensch sein Glück zu bewirken vermöge. Dieser Glaube macht Josephus zu einem leidenschaftlichen Verehrer des Erfolges: weil der Erfolg bei den Römern war, entschied sich Josephus für sie. Eine Auseinandersetzung mit A. Schlatter hat schon seine frühe literarkritische Analyse des Bellum (Topographie, 1893, bes. 344–406) zu berücksichtigen, dann aber auch seine Auseinandersetzung mit W. Weber (Der Bericht über das Ende Jerusalems BFchrT 28, 1923), wird sich jedoch im Schwergewicht auf die abschließende systematische Konzeption zu stützen haben (Die Theologie des Judentums nach dem Bericht des Josephus, 1932). Mit A. Schlatter setzt methodisch eine neue Überlegung ein, die aber kritisch durchdacht werden muß. Es handelt sich um das Judesein des Josephus. Damit stellt A. Schlatter das traditionsgeschichtliche Motiv in den Vordergrund, nicht das Element der literarkritischen und geschichtskritischen Betrachtung. Das Judesein bedeutet für ihn einen palästinischen Ansatz, den er vor allem im Pharisäismus festlegen will. Dazu tritt aber die Diasporaexistenz des Josephus, die das ganze Schrifttum tendenzmäßig beeinflußt. Daß Josephus einen Weg geht, der im Fortgang der Geschichte seine Politik rechtfertigt, ist nach A. Schlatter offenkundig. Obwohl er das Schwergewicht des Bellum für die Entwicklung des Josephus sich nicht auswirken läßt, wird der Blick frei für die Bedeutung unseres Schriftstellers in bezug auf den weittragenden Assimilationsprozeß, der die Geschichte des Judentums in der Folgezeit bestimmt. Wer A. Schlatter folgen will, muß Josephus grundsätzlich vom „jüdischen Gemeingut" aus verstehen.

Zwei Bedenken seien gegenüber der systematischen Konzeption A. Schlatters angebracht: 1. Josephus unterscheidet sehr genau zwischen seiner priesterlich-aristokratischen Herkunft einschließlich der Aufgaben, die ihm von da her erwachsen, und den nachträglich übernommenen pharisäischen Überzeugungen, die mit seiner politischen Betätigung zusammenhängen (vita 7–12; c. Apion 1, 30 ff.). Priesterliches und pharisäisches Denken standen aber damals in Spannung oder auch in Abstand zueinander. Erst nach 70 n. Chr. nimmt der Pharisäismus ausdrücklich priesterliche Züge auf (Jochānān ben Zakkai). Vom „Pharisäismus" des Josephus auszugehen, dürfte also gewagt sein. 2. Das „jüdische Gemeingut", in dem Josephus steht, ist ebensowenig einheitlich wie das Material, das A. Schlatter zum Vergleich beibringt. Der hellenistische Lehrstand, aber auch der Pharisäismus der Diaspora sind im Ansatz wohl erkennbar, aber nicht fest umrissen. Wo sich Pharisäismus in der Diaspora durchsetzt, wird er kaum rational so erweicht sein, wie es in der Konzeption A. Schlatters erscheint. Gegenüber A. Schlatter weist H. St. J. Thackeray mit Recht darauf hin, daß im Unterschied von der palästinischen Lehrbildung Josephus die Tendenz der LXX fortsetzt, die sich an die hellenistische Leserschaft wendet, während das Rabbinat bemüht ist, „den Zaun um das Gesetz" zu errichten (Thackeray, Introduction zu Antiquitates I–IV S. VIII). Das „jüdische Gemeingut", nach dem A. Schlatter sicherlich mit Recht sucht, ist vielfältig und kompliziert – jedenfalls nicht so einfach zu bestimmen, wie es bei ihm geschieht.

Der Hellenismus hat sich gewandelt: seit dem Beginn des römischen Imperiums hat sich das historische Interesse allseits kräftig entfaltet (E. Bickerman RB 59 (1952) 44–54; W. D. Davies), und innerhalb dieser Belebung des historischen Interesses hat auch das Geschichtswerk des Josephus seinen gebührenden Platz.

CORRIGENDA

Band I

Auf S. **389,** Z. 24 v. o.: statt „war": wir

Band II, 1

Auf S. **139** fehlt hinter „... eine wunderbare Arbeit" (7. Zeile von unten) die Anmerkungsziffer 79.

Auf S. **219 Anm. 80,** 5. Zeile, ist κοσμική (statt κοσική) zu lesen.

Auf S. **229, Exkurs VII,** Z. 2: statt „j. Qidd. 44c": j. Qidd. 64c.

Auf S. **252 Anm. 73** ist zwischen „Beschreibung" und Klammer ein „nicht" ausgefallen (12. Zeile von unten).

REGISTER

Unter Verantwortung der Herausgeber
bearbeitet von THOMAS HIRTH

VORBEMERKUNG

Die römische Ziffer in der ersten Spalte von allen vier Registern bezeichnet das Buch bei Josephus; die Zahl in der mittleren Spalte von Register I, II und III gibt die Nummer des Paragraphen im Text an. Die Zahl in der dritten Spalte von Register I, II und III bzw. der zweiten Spalte von Register IV gibt die Nummer der betreffenden Anmerkung an. Ein * hinter einer Zahl der mittleren Spalte von Register I und III weist auf die Textkritik zu diesem Paragraphen hin. – Die Register zum Text beruhen auf den Registern von Kohout und Niese. Für die Register zu den Anmerkungen und Stellen konnte für Buch VI und VII auf Vorarbeiten von Frau K. Holfelder zurückgegriffen werden.

ÜBERSICHT

I. Personen und Sachen
II. Griechische Begriffe
III. Orte
IV. Stellen
    a) Altes Testament
    b) Neues Testament
    c) Außerrabbinisches Judentum
       (Apokryphen, Pseudepigraphen, Apokalypsen)
    d) Qumrantexte
    e) Rabbinische Literatur
    f) Griechische und lateinische Schriftsteller

I. PERSONEN UND SACHEN

	Buch	§	Anm.
Ab			
s. Loos			
s. Kalender			
Abholzung	V	522	205
	VI		2
	VI		52
Abraham	IV	531	
	V	380f.	147f.
Absalom			
1. Schwiegervater Aristobuls	I		84
2. Anhänger Menachems	II	248	
Achiab, Neffe des Herodes	I	662	
	II	55	
	II	77	
Adiabener			
s. Grapte			
s. Helena			
s. Izates			
s. Monobazus			
s. Jerusalem: Grab; Grabmal; Paläste			
Verhalten im Krieg gegen Rom	VI		198f.
Adler			
goldener	I	650	Exk. III
römischer	III	123	
	V	48	
	VI	316	
Aebutius, Decurio	III	144	49
	IV	36	8
aerarium	VII		214
Ägypter	II	362	
	VII	199	
Agiras, Adiabener	V	474	194
Agrippa			
1. M. Vipsanius, Konsul	I	118	
	I	400	182
	I	402	
	I	416	
2. Agrippa I., Enkel des Herodes	I	552	
	II	178ff.	102
	II		105
	II		107
	II	206ff.	
	II	215ff.	120
	V	152	
3. Agrippa II.	II	223	
	II	247	

Ag   I. Personen und Sachen

	Buch	§	Anm.
Agrippa			
3. Agrippa II. (Forts.)	II	252	
	II	309	
	II	335–407	
	II	418	
	II	421	
	II	481 ff.	
	II	500	
	II	523	
	II	556	
	II	595	
	II	632	
	III	68	
	III	443 ff.	
	III	454 ff.	
	III	461	
	III	541	
	IV	2	
	IV	4	
	IV	10	
	IV	14	
	IV	499 f.	
	V	252	
	VII		18
	VII	97	
	VII		Exk. XX
Akathela, Vater eines jüdischen Helden	VI	148	
acclamatio	VI		151 f.
	VII		38
	VII		65
Akme, Sklavin der Livia	I	641 ff.	
	I	661	
Akra s. Jerusalem			
Aktiade, Zeiteinheit	I	398	
Alabarch, Beamter	V		72
Alanen, Volk	VII	244 ff.	126
Alaun	VII	189	100
Albinus, Landpfleger	II	272–277	151
	VI	305	146
Alexander			
1. Bandenführer	II	235	
2. der falsche	II	101–110	
3. Freund des M. Antonius	I	393	
4. der Große	I	403	185
	II	360	
	II	487	
	V	465	
	VII	245	
5. Jannäus	I		36

4

I. Personen und Sachen

	Buch	§	Anm.
Alexander			
5. Jannäus (Forts.)	I	85–106	
	I		51
	I		54
	I		61
	I		73
	I		75
	I		141
	I		289
	V	304	127
	VII	171	93
	VII		150
6. Jude aus Cyrene	VII	445	
7. Sohn des Herodes	I	445 ff.	218
	I		222
	I	452 ff.	
	I	456 ff.	
	I	467 ff.	
	I	476 ff.	
	I	489 ff.	236 f.
	I	498 ff.	
	I		240
	I	516 ff.	
	I	528 ff.	
	I	544 ff.	
	I	551	255
	I	553	
	I	557	
	I	561	
	I	603	
	II	114	
	II	222	
8. Sohn des Vorigen	I	552	256
	I	557	
	I	561	
	II	222	125
9. Sohn Aristobuls II.	I	158	
	I	160 ff.	
	I	176	
	I	182	
	I	185	
	I	432	
	I	551	
10. Vater des Tiberius Alexander	V	205	
Alexas			
1. Freund des Herodes	I	566	
	I	660	
	I	666	
2. Held	VI	92	
	VI	148	

Al   I. Personen und Sachen

	Buch	§	Anm.
Alexandra			
1. Frau des Alexander Jannäus	I	76	
	I	85	
	I	107–119	
2. Tochter Aristobuls II.	I	186	
3. Mutter der Königin Mariamme	I	262	
	I	264	
	I		211
	I		214
	I		217
Allerheiligstes s. Tempel			
Alraunglaube	VII		98
Altar s. Tempel			
römischer Lageraltar	VII	16	
Anachronismus	I		234
Ananel, Hoherpriester	I		211
Ananias			
1. Hoherpriester	II	409	
	II	426	
	II	428	
	II	441f.	
	II	443	
	II	566	240
2. Sohn des Masambalus	V	532	
3. Ananias Saduki	II	451	
	II	628	
4. Gesandter an die Idumäer	IV	232	
5. Vater des Johannes	II	568	
Ananos			
1. Sohn des Ananias	II	243	
2. Sohn des Ananos	II	563	238
	II	648	
	II	653	
	IV	160–325	
	IV	504	
3. Sohn des Jonathes	II	533	
4. Vater des Jonathes	II	240	
5. Sohn des Sethi s. Gräber	V	531	
6. Überläufer	VI	229	101
Andromedasage	III	420	
Anekdoten	VI	152ff.	54
	VI	187ff.	69
	VI	201ff.	76
	VI		85
	VI		89
	VI	318ff.	154
	VI	359ff.	200f.
	VI	387ff.	222
	VII	238ff.	125

I. Personen und Sachen **An**

	Buch	§	Anm.
Ankalgestil			
s. Stil			
s. κατηγορία			
Annäus aus Tarichäa	II	597	
Annius Lucius, römischer Führer	IV	487 ff.	
Antigonus			
1. Sohn des Hyrkan	I	71– 80	
2. Sohn des Aristobul	I	158	
	I	173	
	I	185	
	I	195 ff.	
	I	239	
	I	248–273	
	I	282	
	I	284	
	I	286–302	141
	I	317 ff.	
	I	325–357	157
	V	398	
Antiochus			
1. Antiochus IV. Epiphanes	I	19	
	I	31 ff.	12
	I		51
	V	394	
	VII	44	
2. Antiochus V. Eupator	I	41– 46	
3. Antiochus VI.	I	47– 49	21
4. Antiochus VII.	I	50– 62	
5. Antiochus VIII. bzw. IX.	I	65	31
6. Antiochus VIII. Grypos	I		50
7. Antiochus XII. Dionysos	I	99 ff.	55
8. Antiochus XIII.	I		55
9. Antiochus I. von Kommagene	I	321	145
10. Antiochus IV. von Kommagene	II	500	216
	III	68	
	IV	598	
	V	42	
	V	461 f.	186
	VII	219–242	111
	VII		115 f.
Verbindung mit d. Parthern	VII		120
in Rom	VII		123
	VII		197
11. Antiochus Epiphanes, Sohn des Antiochus IV. von Kommagene	V	460 ff.	
	VII	232	111
	VII	236 f.	
	VII	241	

An I. Personen und Sachen

	Buch	§	Anm.
Antiochus (Forts.)			
12. Jude in Antiochien	VII	42– 53	
Antipas			
1. Herodes Antipas	I		258
	I	562	
	I	646	
	I	668	
	II	20 ff.	
	II	95	
	II	167 f.	
	II	178	
	II	182 f.	106 f.
2. Verwandter des Agrippa II.	II	418	
	II	557	
	IV	140	
Antipater			
1. Vater des Herodes	I	123–226	68
gewinnt Araber für Hyrkan	I	123–130	
gewinnt Römer für Hyrkan	I	131–153	
unterstützt Scaurus	I	159	
unterstützt Gabinius	I	175 ff.	
Einfluß auf die Neuordnung in Jerusalem	I	178	
rät zur Hinrichtung des Pitholaos	I	180	
Familie	I	181	
sucht die Gunst Caesars	I	187	
unterstützt Caesar	I	188–193	
römischer Bürger	I	194	
Anklage gegen ihn	I	195–198	
Prokurator	I	199 f.	102
weiterer Aufstieg	I	201–203	
Ansehen	I	207	
Feinde	I	208	
berät Herodes	I	210	
	I	214 f.	
unterstützt Cassius	I	220 ff.	
Maßnahmen gegen Malchus	I	223 f.	
Tod	I	226	
Ehrung	I	417	
Reflex in Qumran	I		103
2. Sohn des Herodes	I	433–664	220
vom Hof verwiesen	I	433	
zurückgerufen	I	448	
Intrigen	I	449	
erste Romreise	I	451–455	221
seine Umtriebe	I	467–475	238
	I	495	
mit Eurykles verbündet	I	516–527	
Werkzeug des Pheroas und			

I. Personen und Sachen

	Buch	§	Anm.
Antipater			
2. Sohn des Herodes (Forts.)			
der Salome	I	545	
verhaßt	I	552	
Schmeicheleien	I	554f.	
Einfluß auf die Heirats-			
politik des Herodes	I	557	
	I	559–566	261
Komplott gegen Herodes	I	567ff.	
zweite Romreise	I	573	265
Entdeckung seiner Pläne	I	584	
Nachstellung gegen Brüder	I	602ff.	
Rückreise nach Jerusalem	I	607ff.	
Verhaftung	I	618	
Prozeß	I	620ff.	
sein Gebiet	I		277
Fälschung von Briefen	I	641	
Testament des Herodes	I		282
Tod	I	664	
3. Sohn der Salome, Neffe des			
Herodes	I	566	
	II	26– 33	
4. Antipater aus Samaria	I	592	
Antiphilus			
Freund des Antipater (3.)	I	592	
	I	598	
	I	641	
Antisemitismus in der Antike	IV	135	
	VI	214	90
	VI	263	116
	VII	46ff.	31
Antonia			
1. Festung s. Jerusalem			
2. Tochter des Kaisers			
Claudius	II	249	
Antonius			
1. Marcus, Triumvir	I	118	
	I	162	
	I	165	
	I	171	
	I	242–247	
	I	281–286	
	I	290	
	I	298	
	I	302	
	I	309	
	I	317	
	I	320ff.	145
	I	346	
	I	359–364	161

An   I. Personen und Sachen

	Buch	§	Anm.
Antonius			
1. Marcus, Triumvir (Forts.)			
sein Fall	I	386 ff.	
	I	396	
	I	401	
	I	439	
2. Marcus Antonius Primus	IV	495	
	IV	633–644	217
	IV	650	
	IV	654	
3. Antonius Julianus	VI	238	105
4. Antonius, Kommandant			
von Askalon	III	12– 26	
5. Antonius, Centurio	III	333	
6. Antonius Silo, Offizier	III	486	
Apelläus, Monat	VI	654	
Apokalyptik			
Zwist als apokalyptisches			
Zeichen	IV		27
Periodisierung der Geschichte	VI		109
apokalyptische Motive in der			
Eschatologie des Josephus	VI		Exk. XII
apokalyptische Weissagungen	VI		133 f.
apokalyptisches Zeichen	VI		136
	VI		Exk. XIV
„letztes Geschlecht"	VI		241
Josephus und Apokalyptik	VII		140
Apokalyptik und Seelenlehre			
des Josephus	VII		172
Zerstörung des Oniastempels	VII		208
Apollo, Tempel auf dem Palatin	II	81	21
Apologie	VI		89– 91
	VI	215 ff.	91
Apostasie	VII		31
appellatio	VI		91
Araber			
s. Aretas			
s. Malchos			
s. Obaidas			
s. Sylläus			
	I	6	
	I	99–101	
	I	286	
	I	365–385	
	II	69 f.	
	II	76	
	II	362	
als Bogenschützen	III	168	
	III	262	
	V	290	

I. Personen und Sachen   Ar

	Buch	§	Anm.
Araber			
als Bogenschützen (Forts.)	V	551	
	V	556 ff.	
	VII	172	
Archelaos			
1. Archelaos von Kappadocien	I	446	219
	I	456	
	I		231
Besuch in Jerusalem	I	499–513	238
	I	516	
	I	523	
	I	530	
	I	538	
	I	553	
	I	561	
	II	114	
2. Sohn des Herodes	I		150
	I	562	
	I	602	
	I	646	
	I	664	
	I	668–671	
	II	1– 40	
	II	81– 97	
	II	111–116	29
3. Sohn des Magadates	VI	229	
Archiv s. Jerusalem	II	427	194
	VI	354	196
Ardalas, jüdischer Anführer	VI	360	201
Aretas			
1. Aretas II., Araberkönig	I		48
2. Aretas III., Araberkönig	I	103	57
	I	124–131	
	I	159	
3. Aretas IV., Araberkönig	I	574	
	II	68	
Ari, Vater des Simon und Judes	VI	92	
	VI	148	
	VII	215*	
Aristeus, Schreiber des Synhedriums	V	532	
Aristobul			
1. I., Sohn des Hyrkan	I	64	
	I	70– 84	36
2. II., Sohn d. Alexander Jannäus	I	109	
	I	117–158	
	I		73
	I	160	
	I	168	
	I	171–174	

Ar   I. Personen und Sachen

	Buch	§	Anm.
Aristobul			
2. II., Sohn d. Alexander Jannäus (Forts.)	I	183 f.	
	I	195	
	V	396	
3. Sohn des Herodes	I	445 ff.	218
	I		222
	I	453	
	I	467	
	I	478	
	I	519	
	I	528	
	I	534 ff.	
	I	551	255
	I	557	
	II	222	
4. Enkel des Herodes	II	221	
5. Sohn d. Herodes von Chalkis	II	221	
	II	252	
	VII	226	
Arius, Centurio	II	63	
	II	71	
Artabanus III., Partherkönig	VII		130
Artabazes, König von Armenien	I	363	
Artemisius, Monat	II	284	
	II	315	
	III	142	
	V	302	
	V	466	
Artorius, römischer Soldat	VI	188	
Arzt	I	272	
	I	598	
	I	675	
Asochäus, Pharao	VI	436	
Asphalt	III	328	
	IV	479 ff.	
	V	469	
Asphaltsee s. Totes Meer			
Assyrer	I	13	
	V	387	
	V	404 f.	
	V	407	
Assyrerlager s. Jerusalem			
Athenion, Feldherr der Kleopatra	I	367	165
	I	375	
Athrongäus, Usurpator	II	60–65	
Atratinus, römischer Redner	I	284	139
Auferstehungslehre	I		255
bei Essener, Juden, Henoch	II		82
Aufsicht Gottes: bei Josephus	IV		176

I. Personen und Sachen Ba

	Buch	§	Anm.
Aufstandstradition	VII		135
	VII		164
Augustus			
Kampf gegen Cassius	I	225	
	I	242	
nimmt Herodes auf	I	283 ff.	138
Kampf gegen Antonius	I	364	
Begnadigung des Herodes	I	386–400	
geehrt von Herodes	I	402–415	190
Richter über die Söhne des Herodes	I	452 ff.	222
	I	510	
	I	524	
bestraft Eurykles	I	531	
Richter über die Söhne des Herodes	I	535	
Verhandlung in Berytos	I		251
Richter über Sylläus	I	574	
Richter über Antipater	I	640	
	I	645	
	I	661	
im Testament des Herodes	I	646	282
	I	669	
bestätigt das Testament des Herodes	II	20 ff.	
Gesandtschaft der Juden	II	80 ff.	
Reich des Herodes geteilt	II	93 ff.	
bestraft den falschen Alexander	II	106 ff.	
Archealos abgesetzt	II	111–113	
zum Datum seines Todes	II		93
seine Weihgaben für den Tempel	V	562	
Aussätzige	V	227	
	VI	426	
Auszug aus Ägypten			
Darstellung bei Josephus	V		150
Auxiliartruppen			
als Besatzung, Zusammensetzung	IV		135
bei Machärus	VII		91
bei Masada	VII		133
Baaras: Gebiet, Quellen, Pflanze	VII	180*	97– 99
Bagdates, Vater des Ananos (6.)	V	531	209
Bakchides, syrischer Befehlshaber	I	35	
Balsam	I	138	
	I	361	
	IV	469	139
Banos, Asket	II		35

Ba   I. Personen und Sachen

	Buch	§	Anm.
Barbaren	I	3	
	I	261 f.	
	I	322	
	VII	87	
	VII	93	
Barbier	I	547	
Bareis, Vater des Zacharias	IV	335	86
Baris s. Antonia			
Bar Kochba, Führer des Aufstandes 132–135	I		76
	I		142
Bazapharnes, Satrap	I	248	
	I	255–260	
Basilika	VII	55	
Bassus			
1. Caecilius Bassus	I	216–219	
2. Lucilius Bassus	VII	163–216	90
	VII	252	
Bataver, germanischer Stamm	VII		43
bat qōl s. φωνή			
Bathyllos, Zeuge gegen Antipater	I	601	272
Bauer: griechische und jüdische Beurteilung	IV		40
Baum			
s. Eichwald			
s. Feigenbaum			
s. Lorbeerbaum			
s. Raute			
s. Weinstock			
s. Zeder			
Eiche	I	250	
Myrobalanos	IV	469	139
Nußbaum	III	517	
Ölbaum	III	45	
	III	517	
Palme	I	138	
	I	361	
	II	167	
	III	45	
	III	517	
	IV	468	
Terebinthe	IV	533	
Baumgruppen	III	516	
	IV	467	
	V	67	
	VI	5 f.	
Beförderung, militärisch	II	27	
	VI	53	
	VI	142	
	VII	15	

I. Personen und Sachen Be

	Buch	§	Anm.
Begräbnis	I	184	
	I	551	
	I	594	
	I	664	
	I	670 ff.	
Begräbnis: Verweigerung	IV	317	
	IV	324	
	IV	330 f.	
	IV	382	100
	V	514	
	V	518	
	V	568	
	VI	532	
Belagerungsmaschinen s. Kriegsmaschinen			
Belagerungstechnik s. Dämme			
Minen	I	350	
	II	435 f.	
Schutzdach, vinea	III	163	53
Minen	V	469	
Belga s. Bilga			
Belohnung, militärische	III	103	
	V	503	
	VI	33	
	VI	134	
	VII	11	
	VII	14	
Berenike			
1. Tochter der Salome	I	446	219
	I	478	
	I	552 f.	257
	I		261
2. Tochter des Agrippa I.	II	217	117
	II	220	
	II	310–314	163
	II	333	
	II	344	
	II	402	
	II	426	
	II	595	
	VI		112
3. aus Cyrene	VII	445	213
Berenikianos, Sohn des Herodes von Chalkis	II	221	
Bergwerk	V	418	
Beschneidung	I		
unter Zwang in Marisa	I		132
unter Zwang	II	454	202
Bestechung	I	128	
	I	132	

Be I. Personen und Sachen

	Buch	§	Anm
Bestechung (Forts.)	I	239	
	I	242	
	I	288f.	
	I	297	
	I	302	
	I	318	
	I	519f.	
	I	554	
	I	603	
	I	605	
	II	273	
	II	287	
	II	292	
Beute, Beuterecht	VI		115
	VII	15	8
Beute im Triumphzug	VII	148	78
Bienen	IV	469	
Bilder	I	169ff.	
	V	214	
	VII	134	
	VII	142ff.	
	VII	159	
Bilga, Vater des Meir	VI	280	127
Blut, verunreinigend	IV	201	54
Bogenschützen	II	500	
	III	116	
	III	168	
	III	262	
	III	285	
	III	486	
	IV	66	
	V	131	
	V	263	
	V	290	
	V	296	
	V	325	
	V	340	
Borkaios, Gesandter AgrippasII.	II	524ff.	
Brandlegung			
im Tempel durch Juden	V	445	
Motiv der Geschichts-			
schreibung des Josephus	VI	165	61
	VI	167	
	VI	216	
	VI	251	
	VI	364	
Brief	I		76
Britannicus	II	249	
Bronzetafeln			
als Rechtsurkunden	I	200	

I. Personen und Sachen Ce

	Buch	§	Anm.
Bronzetafeln (Forts.)			
Rechte der Juden in Antiochien	VII	110	58
Brutus	I	218	
	I	225	
Bürgerrecht			
in Antiochien	VII	44	27
römisches	I	194	
Bundeslade	V	385	
Byssus, weißes Linnen	V	213	
	V	229	
	V	232	
	V	235	
Caecina, Feldherr des Vitellius	IV	547	
	IV	634–644	
Caesar			
1. Gaius Julius	I	183	
	I	187	100
	I	192–201	102
	I	205	
	I	218	
Adoption Octavians	I		138
2. Sextus Julius	I	205	107
	I	211	
	I	213	
	I	216f.	
Caesar: Titel, Sprachgebrauch			
bei Josephus	V	63	20
	VII	21	
Caesennius s. Paetus			
Calligula, Kaiser	II	178–204	113f.
	II	208	
calones, Troßknechte	III		31
Caluarius Sextus, Tribun	III	325	
	VII		90
Capito, Centurio	II	298ff.	
Cassius	I	180	
	I	182	
	I	218–226	
	I	230–236	
	I	239	
	I	242	
Castor s. γοής			
Castor, Zauberer	V	317–330	131
Catull, Prokurator	VII	439–453	210
Celer, Tribun	II	246	
census s. Schätzung			
Centurien	VII	83	37
	VII	5	2

Ce I. Personen und Sachen

	Buch	§	Anm.
Cerealis			
1. Petilius	VII		43
	VII	82f.	45
2. Sextus	III	310–315	75
	IV	552ff.	
	VI	131	46
	VI	237	105
	VII	163*	90
3. Vetilianus	VII	163	
Cestius Gallus, Statthalter in Syrien	II	280ff.	154
	II	333ff.	
	II	481	
	II	499–558	231
	II	562	
	III	9	
	III	133	
	III	414	
	V	41	
	V	267	
	VI	422	
	VI		171
Chaldäer	II	112	
Chares, jüdischer Befehlshaber	IV	18	
	IV	68	17
Chelika, Vater des Judas (2.)	V	6	2
Chokma	VII		Exk. XXIV
	VII		169
	VII		173
	VII		176
Chutäer, Samaritaner	I	63	29
circumvallatio			
Belagerungsmittel	I	104	
um Jerusalem	V	499–511	
	VI		54
	VI	160	58
Classicus, Führer des Bataveraufstands	VII	80	
Claudius			
1. Kaiser	II	204–217	
	II	223	
	II	244–299	
2. Paulus, Bataver	VII		43
clementia, römische Tugend	I	27	
	IV		24
	V		143
	VI		108
	VI	324	
	VI		164
	VII		123f.
	VII		217

I. Personen und Sachen **De**

	Buch	§	Anm.
Collega, Cn. Pompeius	VII	58	33
consul suffectus	VII		50
Coponius, Prokurator in Judäa	II	117f.	
Cornelius, römischer Soldat	IV	187	
Crassus, M. Licinius	I	179	93
Cumanus, Prokurator in Judäa	II	223–245	
Cyrus, König	V	389	
	VI	270	
Daker, Volk	II	369	
Dämme, Belagerungsmittel	I	344	
	III	162	
	IV	13	
	V	262	
	V	356	
	V	466	
	V	479	
	V	522	
	VI	9	
	VI	19	
	VI	150	
	VI	220	
	VI	374	
	VI	392	
	VII	306	
Daesius, Monat	III	306	
	III	316	
	IV	449	
	IV	550	
Dagon, Gott	V	384	
Daläus, Jude	VI	280	127
Danielbuch			
Kanonizität	IV		101
Bedeutung für die Zeloten	V		124
Darius			
1. König	I	476	
2. Offizier Agrippas II.	II	421	
David s. Leobius			
David, König	V	137	
	V	143	
	VI	439f.	
Decurio, militärischer Rang.	II	578	
	III	144	
	III	448	
	IV	36	
	IV	442	
	V	503	
delatio im römischen			
Strafrecht	VII		210

De I. Personen und Sachen

	Buch	§	Anm.
Dellius, Gesandter des Antonius (1.)	I	290	
	I		214
Demetrius			
1. III., Akairos, König	I	92 ff.	50 f.
	I		54 f.
2. aus Gadara	I	155	
Diadem	I	70	
	I	387	
	I	393	
	I	451	
	I	671	
	II	3	
	II	27	
	II	57	
Diaspora			
Ansiedlungen in Ägypten	I		91
Rücksicht auf Diaspora bei Josephus	VI		50
Josephus und Diaspora	VII		18
Zerstreuung über die ganze Erde	VII		25
Rechte in der Diaspora	VII		27
Synagogen in der Diaspora	VII		28
jüdische Verwaltung in der Diaspora	VII		29
Diaspora und Zeloten	VII		180
Diaspora in Ägypten	VII		192 f.
Diaspora und Aufstand	VII		215
Diogenes, Freund Alexanders Jannäus	I	113	
Diophantos, Fälscher	I	529	
Dionys von Halikarnass	VII		220
Dios, Monat = Marcheschvan	II	555	236
disciplina s. Römer			
Dolesos aus Gadara	IV	416	
Domitian			
Sohn des Vespasian	III	6	
	IV	598	
Flucht aus dem Capitol	IV	649	221
	IV	654	
im Verhältnis zu Vespasian und Titus	VII		5
Geburtstag	VII		22
Begegnung mit Vespasian	VII		35
in Gallien und Germanien	VII	85 ff.	46
	VII	120	
im Triumphzug	VII	152	83
Doris, Frau des Herodes	I		120
	I	432 ff.	

I. Personen und Sachen

	Buch	§	Anm.
Doris, Frau des Herodes (Forts.)	I	448	
	I	451	
	I	473	
	I	562	
	I	568	
	I	584	
Vertreibung	I	590	271
	I	608f.	
	I	611	
	I	619f.	
Dorkas, Mörder	IV	145	31
Doxologie	VII	455*	
Dreiruderer	I	280	
	VII	22	
Drusilla, Tochter Agrippas I.	II	220	122
	VII		111
Drusus, Stiefsohn des Augustus	I	412	189
Dubletten	I		217
	VI		48
Dynastie, dynastisches Denken	VII		41
Dystros, Monat	IV	413	
Edelsteine und Halbedelsteine	I	671	
	V	234	98
	VII	135	
Ehe	I	509	
	I	558	
der Glaphyra	II	114ff.	
Ehehindernisse	II		32
Ehelosigkeit bei Essenern	II	121	37
	II	160f.	
Eid	I	553	
	I	566	
Verweigerung	I		264
	I	579	
	I	594	
Verbot bei Essenern	II	135	55
	II	139	
	II	143	
	II	451	
	II	453	
	V	405	
	VI	366	
Eid bei Zeloten	VI	351	190
	VII		139
	VII		165
Eleazar			
1. Bruder des Judas Makkabäus	I	42	

I. Personen und Sachen

	Buch	§	Anm.
Eleazar (Forts.)			
2. Sohn des Ananias (1.)	II	409f.	
	II		199
	II	443	
	II	449	
	II	566	240
3. Verteidiger von Machärus	VII	196–209	
4. Sohn des Simon	II	564f.	
	IV	225	
	IV		Exk. V
	V	5– 22	
	V	99ff.	
	V	250	
5. Sohn des Jair	II	247	
	VII	253	134
	VII	275	
Rede	VII	320–389	
	VII	399	
6. Sohn des Samäus	III	229	
7. Sohn des Dinäus	II	235	
	II	253	144
8. Anhänger Simon bar Gioras	IV	518	
9. Neffe Simon bar Gioras	VI	227	100
Elefant	I	41ff.	
Elia, Prophet	IV		48
	IV	460	
Elisa, Prophet	IV	460ff.	
Elpis, Frau des Herodes	I	563	
Elthemus, Araberführer	I	381	
Engel bei den Essenern	II		66
	II	401	
Enjachin, Priestersippe	IV	155	38
Entweihung	VII		204
	VII		31
Ephod s. Hoherpriesteramt			
Epiphanes s. Antiochus (1.) u. (11.)			
Erdbeben	I	370	166
	I	377	
Erdrosselung			
Söhne des Herodes	I	551	255
Simon bar Giora	VII		84
Erwählungsbewußtsein	VI		80
Erz, korinthisches	V	201	69
Eschatologie des Josephus	VI		Exk. XII
Esel			
wilde Esel	I	429	
zahme Esel	II	546	
	IV	436	
Maulesel	II	546	
	III	90	

I. Personen und Sachen　　　　Es

	Buch	§	Anm.
Essener			
Anfänge in Jerusalem	I	78	39
Traumdeutender Essener	II	113	30
Beschreibung	II	119–166	
Kritik an der Verbindung König, Priester, Prophet	I		35
Grund der Auswanderung	I		54
Waschungen	II	119	35
Etymologie	II	119	36
Ehelosigkeit	II	121	37
Gütergemeinschaft	II	122	38
Verbreitung	II	124	40
Waffen	II	125	41
Disziplin	II	126	42
Novizen, Tertiarier	II	127	43
Sonnenverehrung	II	128	44
Gewerbe	II	129	45
Rangordnung	II	130	46
Speisen, Strafe	II	130	47
Mahl	II	131	48
Wechsel der Kleider	II	131	49
ständische Struktur	II	131	49
Verhalten unterwegs	II	132	50
Schweigen	II	132	51
Verhalten gege Straffällige	II	134	52
Verhalten gegen Verwandte	II	134	53
Eid	II	135	55
Schriftstudium	II	136	56
Heilkunde	II	136	57
Kleider nach priesterlicher Tradition	II	137	58
Noviziat und Aufnahme	II	138	59
Aufnahmeeid	II	139	60
Interpretation der šēmaʿ	II		60
Verhalten gegen Staat und Mitglieder	II	140	61
Auffassung der Regentenpflichten	II		61
Darstellung bei Philo	II		61
Wahrheit und Wandel	II	141	62f.
Einsicht in Gottes Plan	II	141	64
	II	142	65
Engel	II		66
Exkommunikation	II	143	68
Gerichtsbarkeit	II	145	69
Gesetzgeber	II	145	70
Gliederung	II	146	71
Zehnergruppe	II	146	72
Ausspucken	II	147	73
Sabbatordnung	II	147	74

Es   I. Personen und Sachen

	Buch	§	Anm.
Essener (Forts.)			
Reinheit des Lagers	II	148	75
vier Stände	II	150	76
Lob	II	151	78
Verhalten im Krieg gegen Rom	II	151	79
Leiden für die Tora	II		81
Eschatologie	II	154	82
Prophetie durch Schriftstudium	II	159	83
Reinigungszeremonien	II	159	84
verheirateter Zweig	II	161	85
freier Wille	II		90
Kriegstechnik	II		230
Organisation des Heeres	II		248
Bewaffnung	III		39
Sabbatheiligung	IV		22
Name nicht Selbstbezeichnung	IV		45
Priester führen den Kampf an	IV		53
Funktion der Priester im heiligen Krieg	IV		77
Ethnarchie	II	93	
	II	96	
	II	99	
	II	111	
	II	115	
	II	167	
Euaratos = Euarestos	I	532	245
Eurykles aus Sparta	I	513–532	241
Exhedra s. Tempel			
Exil	II		23
Exil, Exilsrecht	VII		122
Ezechias			
1. König	V	405	
2. Eiferer gegen Fremdherrschaft	I	204	106
	II	56	
Fabatus, kaiserlicher Verwalter	I	575	
Fabius			
1. Centurio	I	149	
2. Befehlshaber in Damaskus	I	236	
	′I	239	
Fadus Cuspius, Prokurator in Judäa	II	220	123
Fälschungen	I	529	
	I	603	
	I	641	
Fasten	V	236	
Faustus Cornelius, Sohn des Sulla	I	149	
	I	154	

I. Personen und Sachen **Fl**

	Buch	§	Anm.
Feigenbaum	III	517	
	VII		95
Feldzeichen			
nach Jerusalem gebracht	II	169 ff.	96
aus Jerusalem entfernt	II		99
	II	551	
	III	123	
	V	48	
	VI	226	
	VI		151
	VI	403	
Felix, Antonius, Prokurator	II	247–270	139
	II		122
fercula s. πῆγμα			
Feste s. auch Passah			
Fest des Holztragens	II	425	192
	II		195
Laubhüttenfest	I	73	
	II		224
	II	515	
	VI	300	
Wochenfest	I	253	
	II	42	
	VI	299	
Festus, Prokurator in Judäa	II	271	150
Feuer			
reinigend	IV	323	78
will den Tempel nicht verbrennen	VII	355	174
	V	444	180
Fiskus			
kaiserliche Kasse	VII		214
Fiscus Judaicus	VII		110
Steuer der Diaspora für das Mutterland	VI		165
Flavier			
s. Domitian			
s. Titus			
s. Vespasian			
Thronfolge, Akklamation	IV		201–205
	VI		152
Thronfolge des Titus	VII		5
Nebeneinander	VII		15
	VII		41
	VII		60
Beginn des Triumphzuges	VII		61
Triumphzug	VII		Exk. XX
Bautätigkeit	VII		88
nebeneinander	VII		217
Flavius Silva, Legat	VII	252	131

Fl   I. Personen und Sachen

	Buch	§	Anm.
Flavius Silva, Legat (Forts.)	VII	275–279	Exk. XXIII
	VII	304–407	
Flötenspieler bei der Klage	III	437	
Florus Gessius			
Charakter	II	277–283	152
Verhalten gegen die Juden in			
Caesarea	II	284–292	
Habsucht	II	293–295	
Expedition gegen Jerusalem	II	296–332	
Klage über Juden vor Cestius	II	333	
Klage der Juden über ihn	II	334–344	
Agrippa mahnt zur Geduld			
gegenüber Florus	II	349–354	
	II	404	
	II	406	
seine Haltung führt zum			
Ausbruch des Krieges	II	418 ff.	
Pogrom in Caesarea	II	457	
von Cestius vor Nero verklagt	II	558	
Folter	I	496	
	I	527	
	I	529	
	I	548 f.	
	I	577	
	I	584 ff.	
	I	591	
	I	594	
	I	635	
	III	321	
	VII	418 f.	
	VII	452	
Fonteius Agrippa, Kosularlegat	VII	91	49
Forum			
in Antiochien	V	55	
in Caesarea	I	450	
in Rom	IV	546	
	VII	154	
Frauenvorhof s. Tempel			
Freie: parthische Krieger	I	255	127
Freigelassene	I	582	
	I	601	
	I	646	
	I	673	
	VI	416	
Freiheit			
verschiedene Parolen	IV		43
bestimmt den Geschichts-			
aufriß der Titusrede	VI		162
Verständnis der Freiheit bei			
Sikariern und Josephus	VII		138 f.

I. Personen und Sachen　　　　　　　**Ga**

	Buch	§	Anm.
Freiheitskampf	II	264	
	II	355ff.	
	II	373	
	IV	176	
	IV	228	
	IV	246	
	IV	276	
	V	365	
Freund: Titel	I	460	227
	I	473	
	I	538	
	I	556	
	I	571	
	I	620	
	II	21	
	II	81	
	VI	416	245
Fretensis s. Legion			
Friedenstempel s. Tempel			
Fronto, Freund des Titus	VI	238	105
	VI	416	245
Gabinius Aulus, Statthalter in Syrien	I	140	77
	I	160–178	91
	I		185
Gaius			
1. Enkel des Augustus	II	25	6
2. Freund des Varus	II	68	
Galaaditer: Volk, Wohngebiet	I	89	47
Galater, Gallier: Aufstand gegen Nero	I	4f.	4
	II	364	
	II	371 ff.	
	IV		118
	VII	76	
Leibwache des Herodes	I	672	
Leibwache der Kleopatra	I	397	179
	I	437	212
Galba, Kaiser	IV	494	154
	IV	498f.	158
	IV	346	
Gallicanus, Tribun	III	344	
Gallier s. Galater			
Gallus			
1. Caesennius, Legat	II	510	
2. Centurio	IV	37	
3. Rubrius	VII	93	50
Gamaliel, Vater des Simeon	IV	159	

Gä I. Personen und Sachen

	Buch	§	Anm.
Gänge, unterirdische			
s. Jerusalem			
s. Tempel			
Garizim	III	307–316	
Gebet	I	73	
Gebet bei den Essenern	II	128	
	II	131	48
	V	380	
	V	388	
	VII	128	
Gefangene	VI	417	
	VII	118	
Gefangene im Triumphzug	VII	138	
Gefolgschaftstreue s. εὔνοια			
Gehorsam gegen Obrigkeit bei			
Essenern	II	140	61
Geißelung	II	308	
	II	612	
	V	449	
	VI	304	
	VII	200	
Gelübde	II	313f.	
gens	VII		40
Gerichtsgedanke	VI		117
	VI		136
Gerichtshof			
in Galiläa	II	571	
in Jerusalem, Versammlungs-			
ort	IV		85
Größe, Bedeutung	IV	336	87
Gerichtsweissagung	VI		34
Germanen	I	672	
	II	376f.	
	VI	331	
Germanen: Aufstand	VII	77ff.	43
	VII	89	
Germanicus	II	178	
Gerste	V	427	
	V	435	
Gerusia			
Gemeindevorsteher	VII		29
in Ägypten	VII		192
Geschichte			
Deutung der Gegenwart durch			
apokalyptische Geschichts-			
schau	I		153
universalgeschichtlicher Aufriß	VI	Exk. XV	
	VI		150
Wende der Geschichte	VI	Exk. XVIII,2	
Geschichtsaufriß des Josephus	VI		242

I. Personen und Sachen **Ge**

	Buch	§	Anm.
Geschichte (Forts.)			
Okzident und Orient	VII		Exk. XX, 3
Rom, Zentrum der Oikumene	VII		88
Gesetzgeber bei den Essenern	II	145	70
Gewaltlosigkeit: Ursprung der heiligen G.	V		150
	V	380 ff.	
Gewand s. Kleider			
Gift	I	226	
	I	262	
	I	583	
	I	592	
	I	596	
	I	601	
	I	639	
Gladiatoren des Antonius	I	392	176
Glanz s. φῶς			
Glanz: Lichtglanz	V	222	88
Glaphyra, Frau Alexanders (7.)	I	446	219
	I	476	231
	I	500 f.	
	I	508	
	I	552 f.	
	II	114	31
Glas	II	190	
Gnomon s. Stil			
Götterbilder	I	414	
	II	266	
Götterbilder im Triumphzug	VII	136	
	VII	151	
Gott			
s. τύχη			
s. Heilsplan			
s. Vorsehung			
Allmacht	I	378	
	I	584	
	V	377–408	
	VI	399	
	VI	401	
	VI	411	
Allwissenheit	I	84	
	I	378	
	I	630	
	IV	543	
	V	413	
Barmherzigkeit	V	415	
Gerechtigkeit	I	82	
	I	373	
	I	532	
	I	581 f.	

Go I. Personen und Sachen

	Buch	§	Anm.
Gott			
Gerechtigkeit (Forts.)	I	584	
	I	593	
	I	596	
	I	599	
	II	116	
	II	155 ff.	
	II	203	
	II	455	
	II	539	
	III	293	
	III	375	
	IV	104	
	IV	190	
	IV	288	
	IV	323	
	IV	362	
	IV	484	
	IV	573	
	V	19	
	V	438	
	V	566	
	VI	4	
	VI	40	
	VI	110	
	VI	250	
	VII	34	
	VII	271 f.	
	VII	328	
	VII	332	
	VII	451 ff.	
Heiligkeit	V	34	
König Israels	II	118	
	III	353	
	V	377	
	V	459	
	VI	410	
	VI	418	
Langmut	VII	34	
Liebe	VI	310	
Wahrhaftigkeit	I	595	
Weisheit	IV	370	
Gottesreich:			
essenische Vorstellung	II		46
Gorion			
1. Sohn des Josephus	IV	159	
	IV	358	94
2. Sohn des Nikomedes	II	451	
Gorpiäus, Monat	II	440	
	III	542	

I. Personen und Sachen   **Ha**

	Buch	§	Anm.
Gorpiäus, Monat (Forts.)	IV	83	
	VI	392	
	VI	408	
	VI	435	
Gottesschrecken			
s. δέος			
s. φόβος			
im heiligen Krieg	V	93	25
	V	295	
Gottesspruch s. Weissagung	VI	394	230
	VI	398	233
	VI	312	Exk. XV
Gräber s. Ortsregister			
Grapte, Adiabenerin	IV	567	191
Gratus, Offizier	II	52	
	II	58	
	II	74	
Griechen	I	6	
	I	13	
	I	16	
	II	97	
	II	155f.	
	II	268	
	II	284ff.	
	II	364f.	
	II	489	
	VII	44	
Gruppen, jüdische	II		35
Gütergemeinschaft s. Essener			
Gymnasium			
von Herodes gebaut	I	422	
in Damaskus	II	560	
Gyphtheos, jüdischer Held	VI	92	
Haarfärben des Herodes	I	490	
	I		270
Habgier	V	551–561	
	VI	431	
ḥäbär	IV		32
Halachot, 18. H.	VII		96
	VII		101
Hannibal	II	380	
Hasmonäer	V	139	
	VII		150
Hasmonäus, Vater der			
Hasmonäer	I	19	
	I	36	
Haß s. Antisemitismus			

Ha I. Personen und Sachen

	Buch	§	Anm.
Hausgötter: Penaten, Laren	VII	72	39
Haussuchungen: Sinn	V	432ff.	176
Hebräer	IV	459	
	V	381	
	V	388	
Heer, römisches			
Aufgaben der technischen			
Truppen beim Lagerbau	III		34
Bezeichnung der Offiziere	III		37
Selbstverständnis des Heeres	III		40
Rangordnung	III		42
Gliederung unter Titus	V		15
Marschordnung	III	115ff.	
	V	47ff.	16
Aufstellung	V		35
Stärke vor Jerusalem	V		105
Verpflegung	V		204
Heiligtum s. ἱερόν			
pythisches	I	424	
Heilkunde: Vermittlung durch			
Engel	II	136	57
Heilkräuter: Baaraspflanze	VII		98
Heilsplan Gottes	VI		Exk. XVIII
Heldenlisten, jüdische	VI		48
	VI	148	50
Heldenerzählungen	V		195
Helena, Königin von Adiabene	II		225
	V	55	
	V	108	
	V	147	43
	V	253	
	VI	355	197
Helix, Anhänger des Malchus	I	236	118
Heniochen, Volksstamm	II	366	176
Hera von Argos	I	414	
Herodes			
1. Herodes der Große			
Hyrkanion als Gefängnis			
benutzt	I		88
Konservierung des Leichnams			
der Mariamme	I		98
Herkunft	I	181	
Statthalter in Galiläa	I	203	105
Konflikt mit Hyrkan	I	204–215	
gewinnt die Gunst des Cassius	I	221	
Statthalter in Coelesyrien	I	225f.	113
rächt die Ermordung seines			
Vaters	I	227–235	
Unterdrückung eines			
Aufstands	I	236–240	

I. Personen und Sachen   **He**

	Buch	§	Anm.
Herodes			
1. Herodes der Große (Forts.)			
Verlobung mit Mariamme	I	240 f.	120
	I		255
gewinnt Antonius für sich	I	242–247	121
Flucht vor den Persern	I	251–267	
Marsch nach Arabien	I	274–278	
in Rom	I	279–285	139
erobert Galiläa, Judäa und Idumäa	I	290–316	
gegen Antigonos	I	317–319	
Reise zu Antonius	I	320–322	145
Rückschlag in Judäa	I	323–326	
Rückeroberung mit Sossius	I	327–346	
Hochzeit mit Mariamme	I	344	
Eroberung von Jerusalem	I	347–358	
Auseinandersetzung mit Kleopatra und den Arabern	I	359–385	
Wende der Politik nach Actium	I		162
läßt Gesandte ermorden	I	371	168
	I	378	
Übergang zu Octavian	I	386–400	174
Bautätigkeit	I	401–428	
in Samaria	I	403	185
Bau heidnischer Tempel	I	404	186
in Jericho	I	407	Exk. II
Bautätigkeit in Athen	I	425	202
Reise nach Rom	I	427	204
Hinrichtung Hyrkans	I	433	208
körperliche Gewandtheit	I	429 f.	
Herodes und Mariamme	I	431–444	
Kinder von Mariamme	I	435	210
Setzt Hohepriester ab und ein	I	437	211
	II	7	1
läßt Mariamme bewachen	I	443	217
Herodes und seine Söhne	I	445–646	
Herodes und Kostobar	I	486	234
Herodes und Sylläus	I	487	235
Romreise Alexanders	I	510	240
Anklage gegen seine Söhne nach ant.	I		251
Ehe mit Mariamme, Tochter des Hohenpriesters Simon	I	557	258
Differenzen mit den Pharisäern	I	571	264
fällt in Ungnade	I	574	266
färbt sich die Haare	I		270
	I	490	
sein Testament	I		265
	I	646	282
	II		24

33

He I. Personen und Sachen

	Buch	S	Anm.
Herodes			
1. Herodes der Große (Forts.)			
Alter und Krankheit	I	647	
Aufstand gegen ihn	I	648–655	
Krankheit, Tod, Beisetzung	I	656–673	287
Tötung von Vornehmen bei seinem Tod (?)	I		289
Weg des Leichenzuges	I		291
Klagen über ihn vor Augustus	II	84– 87	
Achtung vor den Essenern	II		61
	II	266	
	III	36	
	V	238	
Ausbau von Machärus	VII	172	
Ausbau von Masada	VII	285 ff.	
2. Sohn des Herodes des Großen und der Kleopatra	I	562	
3. Sohn des Herodes des Großen und der Mariamme, Tochter des Simon	I	557	
	I	562	
	I	573	
	I	588	
	I	600	
4. Herodes von Chalkis	I	552	
	II	217	117
	II	221 ff.	125
Herodesburg s. Jerusalem			
Herodesstraße s. Ortsregister			
Herodias, Enkelin des Herodes des Großen	I	552	
	I	557	258
	II	182 f.	
Heros, allgemein	VI	47	13
Heuschrecken	IV	536	
Hin, Hohlmaß	V	565	
Hippodrom			
in Jericho	I	659	
in Jerusalem	II	44	8
in Tarichäa	II	599	
Hiskia s. Ezechias			
Hirsch s. Wild			
Hohepriester			
Streit um das Hohepriestertum	I	31	
Hohepriestertum bei den Makkabäern	I	56	
Mißachtung	I	109	
betritt das Allerheiligste	I	152	
	V	236	

I. Personen und Sachen **Hu**

	Buch	§	Anm.
Hohepriester			
Anforderungen an die Person des Hohenpriesters	I	270	
	II	7	
Alter	I	437	
Herodes setzt ein und ab	I	438	211
	II	7	1
von Zeloten gehaßt	II	256	
Versuch, Florus zu beschwichtigen	II	301	
beruhigen das Volk	II	316	
gegen den Aufstand	II	336	
Vorgehen der Zeloten gegen Hohepriester	III	428	
schließen sich z. T. dem Aufstand an	II	563	
Belehrung über Amtspflichten	IV		41
drängen die Zeloten in den innersten Tempelbezirk zurück	IV	203	
Unterliegen den Idumäern	IV	325	
mit Simon gegen Johannes verbündet	IV	572	
Titulatur, Bürge des Heils	IV		75
charismatischer Feldherr	IV		77
Amt und Kleidung	IV	230–236	95–100
Kleidung	IV		47
von Simon verfolgt	V	527 ff.	
Flucht zu den Römern	VI	114	
Ornat in der Beute	VI	389	
Höhlen			
in Galiläa	I	304ff.	
bei den Jordanquellen	I	405	
in Untergaliläa	II	573	
Unterschlupf Aufständischer	IV		163
in Jerusalem	V	147	43
Holz	V	451	
	V	496	
	V	522	
	VI		2
	VI	11	
	VI	151 f.	52
	VI	375	214
	VII		158
Honig	I	184	
	IV	468	
Hunger	I	64	
	I	71	
	I	143	
	IV	361	

Hu   I. Personen und Sachen

	Buch	§	Anm.
Hunger	V	24ff.	
	V	424ff.	175
	V	512ff.	
	V	571	
	VI	193ff.	
	VI	355	
	VI		212
	VI		239
	VI	430	
Hyperberetaios, Monat	IV	63	
	IV	69	
	IV	82	
	II	528	
Hyrkanos			
1. Johannes Hyrkanos I.	I	54–69	35
	I		37
2. Hyrkanos II.	I	109	
Niederlage gegen Aristobul	I	118	
gewinnt die Herrschaft	I	120–122	
behauptet sich	I	160–199	
Stellung gegen die Idumäer wird schwächer	I	200–247	124
Ethnarch	I		102
Freispruch des Herodes	I		109
Gefangener der Parther, Verstümmelung	I	248–273	133
Rückkehr und Ende	I	433f.	208
3. Sohn des Herodes von Chalkis	II	221	
Iberer	II	374	
Idumäer	IV	224–355	Exk. VI
Lager der Idumäer	IV		62
Abzug der Idumäer	IV		90
	IV	517ff.	
	IV	556	
	IV	566ff.	
	V	248ff.	104
	VI		50
Überläufer	VI		216
	VII	267	
Illyrer	II	369	
Imperator	VI		151f.
Imperium	VII		112
Irenäus, Redner	II	21	
Isistempel s. Tempel			
Ismael, Hoherpriester	VI	114	36
	VI	116	
Ixion	II	156	

I. Personen und Sachen   **Jo**

	Buch	§	Anm.
Izates, König von Adiabene	IV	567	
	V	147	
	VI	356	198
Jagd	I	429	
	I	496	
Jair, Vater des Eleazar	II	447	
Jakimos, Vater des Philippus	II	421	
	IV	81	
Jakobus, Sohn des Sosa,			
Idumäerführer	IV	521	168
	IV	235	60
	V	249	
	VI	92	
	VI	148	50
	VI	381	168
Jamblichus,			
Fürst am Libanon	I	188	
Jannai s. Alexander			
Jechonja, König	VI	103 ff.	33
Jeremia	V	391 f.	
Jesaia	VII	432	
Jesus			
1. Sohn des Ananos	VI	300 ff.	
2. Sohn des Danaios	VI	114	35
3. Sohn des Gamala	IV	160	44
	IV	238	
	IV	283	
	IV	316	
	IV	322	
4. Sohn des Sappha	II	566	
5. Sohn des Thebuti	VI	387	
6. Jesus von Tiberias	II	599	
	III	450	
	III	452	
	III	457	
	III	467	
	III	499	
Joazar, Hoherpriester, von			
Herodes eingesetzt	II	7	1
Jochanan ben Sakkai			
Flucht aus Jerusalem	IV		100
Maßnahmen während der			
Belagerung	IV		188
Vorzeichen	VI		135
Joesdros, Gesandter	II	628	
Johannes			
1. Sohn des Ananias	II	568	
2. Sohn des Dorkas	IV	145	31

Jo   I. Personen und Sachen

	Buch	S	Anm.
Johannes (Forts.)			
3. Johannes der Essener	II		65
Feldherr im Bezirk Thamma	II		79
	II	567	
	III	11	
	III	19	
4. Johannes Makkabäus	I	47	20
5. Johannes von Giskala			
Befehlshaber von Giskala	II	575	
Rivale des Josephus	II	585–646	
Flucht nach Jerusalem	IV	84–112	Exk. IV
Anhang	IV	121–127	25
Verrat	IV	208–223	55
ruft die Idumäer	IV	224ff.	
der ungenannte Zelot (?)	IV	346	90
weitere Anhänger	IV	389ff.	102
Meuterei der Idumäer	IV	566ff.	
Kampf gegen Simon	IV	577ff.	
gegen Simon und Eleazar	V	2– 39	
Einigung mit Eleazar	V	72ff.	
Überwältigun der Eleazar-gruppe	V	98ff.	
starke Stellung in Jerusalem	V	248	
Einigung mit Simon	V	278	
verteidigt Antonia	V	304	
vernichtet Belagerungsdämme	V	469ff.	
Tempelraub	V	562	218
Bau einer Notmauer	VI	31	
zieht sich in den Tempel zurück	VI	71	
Antwort auf die Rede des Josephus	VI	108	
als Gegenbild zu Titus	VI		48
	VI		50
Versteck in den Gängen, Gefangennahme	VI	433f.	
nach Rom gebracht	VII	118	
sein Charakter	VII	262–264	141
6. Sohn des Sosa	IV	235	
	V	290	
7. Johannes der Zöllner	II	287	
	II	292	
Jonathan, Jonathes			
1. Makkabäus	I		Exk. I
	VII		150
2. Sohn des Ananias	I	48f.	
	II	240	135
	II	243	
	II	256	146
	II	533	229

I. Personen und Sachen **Jo**

	Buch	§	Anm.
Jonathan, Jonathes (Forts.)			
3. Hasmonäer	I	437	211
	I		216
4. Zweikämpfer	VI	169	65
5. Sikarier	VII	438 ff.	209
	VII		211
Joseph			
1. Bruder des Herodes	I	266	
	I	286 f.	
	I	303	
	I	323 ff.	
	I	342	
2. Sohn des Daläus	VI	280	
3. s. Josephus			
4. von Gamala	IV	18	
	IV	66	
5. Sohn des Gorion	II	563	
6. Sohn von (5.)	IV		42
7. Gatte der Salome	I	441 ff.	
8. Neffe des Herodes	I	562	259
	II	74	20
9. Kabi	VI	114	35
10. Sohn des Simon	II	567	
Josephus			
Herkunft	I	3	
	V	419	
	V	533	
	V	544	
Muttersprache	I	3	
	V	361	
Kommandant in Galiläa	II	568–584	248
dortige Schwierigkeiten	II	585–646	262
kann Sepphoris nicht halten	III	60 ff.	
Flucht nach Tiberias	III	129 f.	
Verteidigung von Jotapata	III	124–339	
Angebot der Übergabe	III	340–349	
Entschluß zum Übergang	III	350–354	
Rede gegen Selbstmord	III	355–386	
seine Bewahrung	III	387–391	
Übergang zu den Römern	III	392–398	
vor Vespasian	III	399–401	
Befreiung und Ehrung	IV	623–629	214
erste Rede an die Belagerten	V	361–419	
unverwirklichte literarische Pläne	V		101 f.
seine Vorsicht	V	326	
seine Verwundung	V	541	
zweite Rede an die Belagerten	VI	95–110	
prophetische Gabe	II		83
	III	352	

39

I. Personen und Sachen

	Buch	§	Anm.
Josephus			
prophetische Gabe (Forts.)	III	402	
	IV	629	
Augenzeuge des Triumph-			
zuges (?)	VII		Exk. XX, 5
falsche Anklage	VII	448 ff.	
als Schriftsteller			
s. Komposition			
s. Stil			
Plan seines Werkes	I	1–30	
Urteil über Pharisäer nicht			
einheitlich	II		82
essenische Eschatologie für			
griechische Leser	II		83
zur Darstellung der Pharisäer	II		86
zur Darstellung des freien			
Willen, Dasein nach dem Tod	II		90
Urteil über die Sadduzäer	II		92
Tadel für die Neuordnung des			
Levitendienstes	II		165
Theorie über den Aufstand	II		166
Interesse am Bruch der kulti-			
schen Tradition	II		186
historischer Wert der mili-			
tärischen Berichte	II		205
zur Beurteilung des Josephus	II		208
Anlaß des Exkurses über das			
römische Heer	III		32
Stil und Absicht der laudatio			
auf das römische Heer	III		40
Betonung des Heldischen	III		66
Polemik gegen die Zeloten	IV		Exk. IV
	IV		54
zur Darstellung des Johannes			
von Giskala und der Volks-			
partei	IV		55
Priesterliche Motive bei			
Josephus	IV		Exk. VI
Einfluß von Daniel	IV		74
zur Schilderung der Herrschaft			
der Zeloten in Jerusalem	IV		104
Stellung eines decurio	IV		119
Zur Darstellung des Elisa-			
quellwunders bei Josephus	IV		135
Absicht der Darstellung der			
Ausschreitungen der Zeloten	IV		188
Darstellung der Auseinander-			
setzung mit Vitellius	IV		223
Absicht der Darstellung der			
Ausrufung Vespasians	IV		205

I. Personen und Sachen   **Ju**

	Buch	§	Anm.
Josephus (Forts.)			
Absicht der Schilderung Jerusalems durch Josephus	V		Exk. VIII
volkstümliche Vorstellungen bei der Beschreibung der dritten Mauer	V		47
Darstellung der biblischen Geschichte bei Josephus	V		148 ff.
antizelotische, antimakkabäische Darstellung	V		158
antizelotische Konstruktion	V		150
polemisches Schema bei Josephus	V		166
Umprägung aus theologischen Gesichtspunkten	V		168
zur Theologie des Josephus	V		169
typologische Exegese	V		175
prorömische Haltung des Josephus	V		180
antizelotisch	V		215
	V		218
Offenbarungsverständnis bei Josephus	VI		230
Josephus will die Diaspora retten	VII		179
	VII		215
Josua, Nachfolger Moses	IV	459	
Juba, König von Lybien	II	115	31
Jucundus, Reiterbefehlshaber	II	291	
	II	544	
Judas			
1. Sohn des Ari	VI	92	
	VI		50
	VII	215	107
2. Sohn des Chelika	V	6	
3. Judas der Essener	I	78	38
4. Sohn des Ezechias	II	56	
5. Judas der Galiläer	II	117 f.	34
	II	433	
	VII	253	135 f.
	VII		164
6. Sohn des Judas	V	534 ff.	
7. Sohn des Jonathan	II	628	
8. Makkabäus	I	37– 47	17
	I		19
	I		Exk. I
9. Sohn des Merton	VI	92	
10. Sohn des Seppheraios	I	648 ff.	
Juden			
unglückliche Nation	I	11 f.	

Ju   I. Personen und Sachen

	Buch	§	Anm.
Juden			
unglückliche Nation (Forts.)	VI	408	
Aufstand gegen Hasmonäer	I	67	
	I	91 ff.	
Römern tributpflichtig	I	154	
begrüßen aristokratische Verwaltung	I	170	
unterstützen Caesar	I	190	
Klagen gegen Herodes	I	242 ff.	
Verbindung mit den Parthern	I	250	
	I	256	
Strafe nach der Eroberung Jerusalems	I	352	
	I	358	
große Lasten	I	524	
	II	85	
Freude über den Tod des Herodes	I	651	
	I	659	
Aufstand gegen Archelaos	II	10 ff.	
Klage gegen Archelaos	II	80 ff.	
Unruhe über die Politik der Prokuratoren	II	169 ff.	
	II	184 ff.	
	II	272 ff.	
Aufwiegelung des Volkes	II	254–265	
Einstellung des Opfers für den Kaiser	II	409	
Verfolgungen	II	457 ff.	
Erfolg über Cestius	II	513 ff.	
militärische Organisation des Aufstandes	II	562 ff.	
Festungskrieg in Galiläa	III 110-IV 83		
List der Juden	III	171 ff.	
	III	186 ff.	
	III	223 ff.	
	III	271 ff.	
	III	277	
Tapferkeit der Juden	III	22	
	III	228 ff.	
	III	240 ff.	
	III	268 ff.	
	III	479	
	V	485	
Verzweiflung der Juden	IV	80	
Aufgabe von Peräa und Jericho	IV	413–439	
Ausfall gegen die Römer	V	55 ff.	
	V	75 ff.	
	V	85 ff.	

I. Personen und Sachen **Ka**

	Buch	§	Anm.
Juden (Forts.)			
Parteikämpfe in Jerusalem	IV	366	
	IV	371	
	V	24	
Aufgabe der dritten Mauer	V	300	
Verteidigung der zweiten Mauer	V	342 f.	
Verteidigung der ersten Mauer	V	466	
	V	473	
	V	481	
Ausfall an der Antonia	VI	15 ff.	
Verlust der Antonia	VI	68	
Verteidigung des Tempels	VI	136 ff.	
	VI	244 ff.	
Kampf in der Unterstadt	VI	358	
Verlust der Unterstadt	VI	363	
Aufgabe der Oberstadt und Türme	VI	392	
weiteres Schicksal der Juden	VI	414 ff.	
	VII	24	
	VII	38	
	VII	96	
	VII	372 ff.	
Bewunderung durch Römer	III	321	
	III	473	
	VI	14	
	VI	42	
	VII	406	
	VII	419	
weite Ausbreitung	III	398	
in Rom	II	80 ff.	
schwer lenkbares Volk	I	88	
	II	92	
Judenhaß s. Antisemitismus			
Julia s. Livia			
Julianus, Centurio	VI	81 ff.	
Julius Civilis, Bataverführer	VII	80	43
Juppiter Capitolinus	VII	153	
Kaatha, Vater des Simon	IV	271	
Kalender s. Loos			
allgemein	VI		95
17. Tammuz	VI		27
Kallinikos, Sohn des Antiochus' IV. von Kommagene	VII	232 ff.	
Kamel	IV	436	
	I	90	
Kanaanäer	VI	438	

Ka I. Personen und Sachen

	Buch	§	Anm.
Kantabrer, Volksstamm	II	374	
Kasematten	VII		151
Kasiabaum	VI	390	225
Kathla	IV	235*	
	IV	271*	
	V	249	
Kelados, Freigelassener des Augustus	II	106	
Kelch als jüdisches Symbol	V		77
Kelten	I	5	
Kendebaios, syrischer Feldherr	I	51	
Kendäus, Verwandter des Monobazos	II	520	
Kidan s. Waffen			
Kindermord	I		289
Klagelied s. Stil			
Kleider	I	480	
	I	506	
	IV	260	66
	IV	473	
Kleopatra			
1. Mutter des Ptolemaios Lathyros	I	86	
2. Selene, Tochter des Ptolemaios VII. Fisco	I	116	66
3. Königin von Ägypten	I	243	
	I	279	
	VI	359–363	158
	I	365	
	I	367	
	I	389	
	I	396	
	I	440	
	VII	300	157
4. Frau des Herodes	I	562	
Königsherrschaft s. ἡγεμονία			
Kohorten	II	318	
	II	332	
	II	500	
	III	66	
	V	48	
	VI	54	
	VI	81	
	VI	161	
	VI	243	
	VII	5	
	VII	17	
	VII	225	
Kohorten in Rom	II	204	
Kolcher, Volksstamm	II	366	176

I. Personen und Sachen Kr

	Buch	§	Anm.
Kolonie: ius coloniae	VII		109
Komet als Vorzeichen	VI		138
Komposition			
von Buch I, Kap. 20–33	I		173
von Buch V, § 442–445	V		180
allgemein	VI		150
von Buch VII, Kap. 1–4	VII		42
hellenistische Schulen	VII		92
des bellum, ἅλωσις	VII		219 f.
Korinthos, Leibwächter	I	576	
Kostobar			
1. Schwager des Herodes	I	486	234
2. Verwandter des Agrippa II.	II	418	
	II	556	
Krankheit	I	656	
	VII	189	
	VII		140
	VII	451	
Kranz	I	231	
	I	357	
Empfang des Feldherrn	IV	273	70
	IV	620	
	VI		242
als Orden	VII	14	7
in Tempeln in Rom	VII	71	
Huldigung für Titus	III	105	56
goldener Kranz als Huldigung	VII		69
Loorbeerkranz	VII	124	62
Kreuzigung			
frühester Beleg	I	97	53
	II	241	
	II	252	
nicht für römische Bürger	II	308	161
	III	321	
Kreuzigung und andere			
Todesarten	IV		73
	V	289	
Kreuzigung und Geißelung	V	449ff.	182
	VII	202	103
Krieg, heiliger			
Forderungen	IV		63
himmlische Hilfe	V		24
Schrecken Jahwes	V		25
Hinterhalt	V		32
mit Gewaltlosigkeit	V		150
Kriegsmaschinen			
Katapult	III	166 f.	54
	III	240	
	III	243ff.	
	IV	19	

Kr I. Personen und Sachen

	Buch	§	Anm.
Kriegsmaschinen			
Katapult (Forts.)	IV	583	
	V	269 ff.	
	VI	309	
Widder, Helepolis	I	147	
	I	348	
	II	546	
	II	553	235
Widder: Beschreibung	III	213–222	60 f.
	III	230	
	III	240	
	V	153	
	V	275 ff.	
	V	317 ff.	
	VI	23 ff.	
	VI	220 ff.	
	VI	392	
	VII	309 f.	159
Wurfmaschine	VI	121	
	VI	240	106
Kriegsrat des Titus	VI	236 ff.	108
Kriegswesen der Römer			
s. Kriegsmaschinen	III	70–107	
Kuh, rote	IV		56
Kult			
kultische Tradition	VI		135
in Antiochien	VII		28
Kypros			
1. Mutter des Herodes	I	181	
	I	264	
	I	303	
	I		187
	I	417	
2. Tochter des Herodes	I		261
3. Großnichte des Herodes	II	220	121
Kypros, Pflanze	I		187
	IV	469	139
Laberius s. Liberius			
Lager			
des römischen Heeres,			
Beschreibung	III	76 ff.	33
Aufbau	III		35 f.
Wachen	V		197
der Prätorianer in Rom	II	206 ff.	
Lanze s. Waffe			
Larcius Lepidus, Legat, im			
Kriegsrat des Titus	VI	237	105
Laren, Hausgötter	VII	39	

I. Personen und Sachen **Le**

	Buch	§	Anm.
Legat			
Stellung verschiedener			
Legaten zueinander	I		252
Verwaltung Judäas nach 70	VII		90
Legion			
1. Dritte Legion, in Syrien	II		215
	IV		211
	IV	633	
unter Titus	V		15
2. Vierte Legion, in Syrien	II		215
3. Fünfte Legion			
Name	III	65	28
	III	289	
	III	324	
Winterquartier in Caesarea	III	412	99
	IV	13	
	IV	87	
	IV	445	
unter Titus	V	42	15
	V	67f.	
	V	132	
	V	467	
	V	532	
	VI	68	
	VI	237	
Standort und Geschichte	VII	19	14
4. Sechste Legion, in Syrien	II		232
	VII		113
5. Siebente Legion, Claudia	IV		211
6. Siebente Legion, Galbiana	IV		211
7. Achte Legion	IV		211
8. Zehnte Legion, Fretensis	II		215
Name	III	65	28
	III	289	
	III	324	
Winter in Caesarea	III	412	99
	IV	13	
	IV	87	
unter Titus	V	42	15
	V	69–97	
	V	135	
beim Angriff auf Jerusalem	V	269	115
	V	523	
	VI	68	
	VI	237	
	VII		2
Stationierung in Jerusalem	VII	17	12
	VII	64	
9. Zwölfte Legion, Fulminata	II	500–555	215
unter Titus	V	41	15

Le   I. Personen und Sachen

	Buch	§	Anm.
Legion			
9. Zwölfte Legion, Fulminata			
unter Titus (Forts.)	V	132	
	V		115
	V	467	
	V	523	
Standort und Geschichte	VII	18	13
10. Dreizehnte Legion	IV		211
11. Fünfzehnte Legion,			
Apollinaris	III	8	6
Name	III	65	28
	IV	13	
	IV	63	
unter Titus	V		15
	V	132	
	V	282	
	V	468	
	VI	237	
Standort und Geschichte	VII	19	14
12. Zweiundzwanzigste Legion,			
unter Titus	V		15
Leichenkonservierung			
Sparta, Assyrien, Herodes	I	184	98
Herodes	I		291
Leichenschändung			
als besondere Strafe	IV	317	73
Verbot der Beisetzung	IV	382f.	100
durch Vorwerfen vor die			
Hunde	IV		175
	VI		110
Kannibalismus	VI		212
Leichenschmaus	II	1	
Leobius, Name für David	VI	440*	256
Leuchter s. Tempel			
Leuchter: Hängeleuchter	VII	428f.	204
Levias, vornehmer Jude	IV	141	
Leviten, Neuordnung ihres			
Dienstes	II	321	165
Liberius Maximus, Schatzmeister	VII	216	108
Liberalius, Centurio	VI	262	
Licht			
s. Glanz			
s. φῶς			
Livia, Kaiserin	I		189
	I	566	260
	I	641	
	I	646	
	II	168	
	V	562	
Lollius, römischer Feldherr	I	127	

I. Personen und Sachen   **Ma**

	Buch	§	Anm.
Longinus			
1. Tribun	II	544	
2. Reiter	V	312	
Longus, Soldat	I	186	
Loos			
Monat, Ab, Tempelbrand	VI	220f.	94f.
	II	430	195
8. Ab	VI		104
10. Ab	VI	250	109
Lorbeerbaum			
verschiedene Arten	VI		225
Losentscheid	III	388ff.	
	IV	153ff.	37
	IV		40
Losung	III	88	
	V	295	
	VI	139	
Lucilius s. Bassus			
Lucius, römischer Soldat	VI	188	
Lupus, Präfekt von			
Alexandrien	VII	420ff.	198
	VII	433	
Lysanias			
1. von Abilene	II	215	116
	II	247	
2. von Chalkis	I	248	
	I	398	
	I	440	
Machairas, Feldherr	I	317ff.	
	I	323	
Märtyrer für die Tora	II	153	81
Magassaros, Dienstmann der			
Mariamme	V	474	194
Magie mit der Baaraspflanze	VII		98
Mahl der Essener	II	130–133	48f.
	II		51
Makedonier	II	360	
	II	365	
	V	460	
	V	465	
Ehrentitel alexandrinischer			
Bürger	II	488	211
Makkabäer			
Herkunft	I		15
Vorbild der Zeloten	II		34
Bündnis mit den Römern	II		183
Vorbild der Zeloten	II		202
Malachias, jüdischer Held	VI	92	

Ma   I. Personen und Sachen

	Buch	§	Anm.
Malchos, Araberkönig			
1. zur Zeit des Herodes	I	274–278	135
	I	360f.	
	I		208
	I	440	215
2. zur Zeit Vespasians	III	68	
Malichos, Idumäer, Verwandter			
Antipaters	I	162	
	I	220–237	115
Malthake, Frau des Herodes	I		258
	I	562	
	II	14	3
	II	21	
	II	39	
Manaemos, Essener, Sohn Judas			
des Galiläers	II		61
	II	433–448	
Mandragoras s. Baaraspflanze			
Manasses, Kommandant in Peräa	II	567	
Mannäus, Sohn des Lazarus	V	567	
Maria, verzweifelte Mutter	VI	201	82
Mariamme			
1. Hasmonäerin	I	241	120
	I	344	
	I	431–444	210
	I		217
	I	448	
	I	451	
	I	480	
	I	551	255
	I	566	261
	II	222	
2. Tochter des Hohenpriesters			
Simon	I	562	
	I	573	
	I	588	
	I	599	
3. Enkelin des Herodes	I	552	
	I	557	258
	I	565	
	II		117
4. Mutter der Königin			
Mariamme	I	262	130
sonst s. Alexandra	I	264	
5. Frau des Ethnarchen			
Archelaos	I	115	
6. Tochter des Agrippa I.	II	220	
	V	474	194
Marion, Tyrann von Tyrus	I	238f.	
Markt s. Jerusalem			

I. Personen und Sachen Mo

	Buch	§	Anm.
Marmariden, Volk	II	381	
Masbalos, Vater des Ananias	V	532	
Matthias			
1. Vater der Makkabäer	I	36	
2. Hoherpriester, von Herodes abgesetzt	II		1
3. Sohn des Margalos	I	648	
4. Sohn des Boethos	IV	574	194
	V	527–531	207f.
	VI	114	36)
5. Hoherpriester	VI	114	
Mauer s. Jerusalem			
Meder	I	13	
	I	62	
	IV	176	49
	VII	244ff.	
Meir, Priester	VI	280	
Melchisedek, König	VI	438	
Merton, Vater des Judas	VI	92	
Messala, Redner	I	243	123
	I	284	
Messalina, Kaiserin	II	249	
Messianismus	VI		Exk. XV
messianische Züge	IV		174
Metellus, Q. Caecilius	I	127	
Metilius, römischer Befehlshaber	II	450	
	II	454	
Midrasch s. Stil			
Milch	III	50	
Militärkolonie			
s. Kolonie			
s. Emmaus			
Minjan, Zehnergruppe, bei Essenern	II	146	72
	VII	395	185
missio ignominiosa: Verstoßung aus dem römischen Heer	VI	202	
Mithras	II		44
Mithridates			
1. Parther	I	178	
2. Feldherr	I	187ff.	
3. König von Pontus	I	138	
Mittelpartei gegen Johannes	IV		193
Moabiter	I	89	47
	III	47	
	IV	454	
modestia der Römer	VI		108
Mond			
Mondfinsternis 4 v. Chr.	I		287
Fall Jerusalems bei Mondschein	VII		54

51

Mo I. Personen und Sachen

	Buch	§	Anm.
Monobazos			
1. König von Adiabene	II	520	225
sein Palast in Jerusalem	V	252f.	107
2. Verwandter des Monobazos (1.)	II	520	
Mosaik			
Darstellung eines Adlers	I		Exk. III
Masada-Mosaik	VII	290	153
Mucianus			
C. Licinius	IV	32	7
	IV	605	
verpflichtet Syrien auf Vespasian	IV	621	212
	IV	632	
	IV	654	
	VII	52	
	VII		43
	VII		46
Münzen			
allgemein	V	421	173
	V	550	213
Münzfunde in Masada	VII		189
Silberdenar	II	99	
attische Drachme	II	592	
Silberdrachme	I	308	
Bronzeschekel aus dem 4. Jahr	V		Exk. XI
Murcus, Statthalter in Syrien	I	217ff.	
Musik	II	321	
	V	385	
Mutianus, Licinius	II		154
Nabatäer			
Könige, Schrift	I		48
Gebiet, Geschichte	I		68
Nabatäus, Vater des Agiras	V	474	
Nabel der Welt	III		22
Nachtwache: AT–römische	III	319	76
	V	511	202
Nasamonen, Volksstamm	II	381	180
Naziräer, Naziräat	II	313	164
Neapolitanus, Tribun	II	335f.	
Nebel	III	327	
Nechao, Pharao	V	379	147
Neid	I	67	
	I	208	
	II	620	
	II	627	
Neos s. Ananias (1.)			

I. Personen und Sachen **No**

	Buch	§	Anm.
Nero			
Kaiser	I	21	
	I	23	
	I		256
	II	249–251	
	II	270	
	II	284	
	II	558	
	III	1 ff.	11
Eitelkeit als Künstler	III	7	5
	III	540	
Verheißung der Herrschaft über den Orient	IV	440	118
Regierungsdauer	IV	491	151
Leichtsinn s. ῥᾳθυμία	VI	337	168
	VI	341	
Netiras, Held	III	233	
Niger aus Peräa	II	520	
	II	566	
	III	11	
	III	20	
	III	25 ff.	
Niger, Führer einer antizelotischen Verschwörung (?)	IV	359 ff.	94
Nikanor			
1. Feldherr des Antiochus	I		19
2. Freund des Titus	III	346	80
	V	261	
Nikanortor s. Tempel			
Nike			
Statue in Antiochien	VII		54
Statue im Triumphzug	VII		70
Nikolaos			
von Damaskus als Quelle,	I		46
Einfluß aus Buch I, Kap. 20–33	I		173
Bericht aus Rom	I		253
Einfluß	I		260
Aufgabe in Rom	I	574	266
	I	629	
	I	637	
	II	21	
	II	34 ff.	
Berater des Archelaos	II		22
	II	92	
Nikon, Kriegsmaschine	V	299	
Noah	II		57
Noaros, Statthalter Agrippas	II	481	209
Nomaden	II	381	
Nomikos, Vater des Joesdros	II	628	
Nordwind, ‚schwarzer'	III	422	

53

Ny I. Personen und Sachen

	Buch	§	Anm.
Nymphidius Sabinus, Präfekt der Prätorianer	IV	493	152
Obaidas, Nabatäerkönig			
1. zur Zeit Alexanders Jannais	I	90	48
2. zur Zeit des Herodes	I	487	
Öl	II	123	
	II	591 f.	
	III	271	
heiliges Öl	V	565	
Salböl	VI	390	225
Ölzweig	II	637	
	IV	553	
Olympische Spiele	I	426 f.	203
Olympias, Tochter des Herodes	I	562	
Olympos, Freund des Herodes	I	535	
Onias s. Tempel			
Priester	I	31 ff.	
	I	190	
sog. Gebiet des Onias	VII		Exk. XXV
Opfer			
heidnische	I	285	
Vogelopfer in Caesarea	II		156
	III	444	
	IV	618	
	VI	316	
	VII	16	
nach griechischem Brauch in Antiochien	VII		31
	VII	72	
	VII	131	
	VII	155	
vor dem Kampf	I	56	
	I	371	
	I	380	
bei Regierungsantritt	II	4	
	II	89	
Trankopfer bei Mahlzeiten	VII	73	
in Jerusalem:			
für den Kaiser seit Augustus	II	197	112
für den Kaiser, Einstellung	II	409 ff.	
tägliches Opfer, Tamid	I	32	
	I	148	189
Aufrechterhaltung trotz Belagerung	I		156
Aufhören des täglichen Opfers	VI	94 ff.	27 f.
Aufhören der Opfer nach 70	VII		Exk. XIX
Opfer außerhalb Jerusalems	I		171

I. Personen und Sachen　　　　　　　　Pa

	Buch	§	Anm.
Opfer (Forts.)			
Mahl der Essener als Opfer	II		48
Ophellius, Freund des Phasael	I	259	
Orden: Titus verleiht Orden	VII	15	7
Orsanes, Parther	I	178	
Osaia, Vater des Simon (11.)	VI	148	
Osttor s. Tempel			
Otho			
Kaiser	IV	494	
Niederlage und Tod	IV	546ff.	178f.
Pazifismus s. Gewaltlosigkeit			
Päan: Siegesgesang	VI	403	237
Paetus, L. Caesennius	VII	59	34
	VII	219–239	112
Pakorus			
1. parthischer Kronprinz	I	248f.	
	I	260	129
	I	317	
2. Mundschenk	I	249ff.	
3. medischer König	VII	247	129
Paläste s. Jerusalem			
Pallas			
1. Bruder des Felix	II	247	
2. Frau des Herodes	I	562	
Panemus			
= Tammuz	III	399	
	III	409	
	V	567	
	VI	80	22
	VI	67	
Aufhören des Opfers	VI	94	27
	VI		57
	VI		61
Tempelbrand	VI		95
Panischer Schreck			
s. Gottesschrecken			
Paneion, Heiligtum	I	404ff.	
	III	509	
	III	513	
Pannychis, Haremsfrau	I	511	
Pappos, Feldherr des Antigonos	I	333	
	I	342	
Paradoxie s. Stil			
Paränese s. Stil			
Parther	I	6	
	I	179–182	
	I	248–273	
	I	276	

Pa   I. Personen und Sachen

	Buch	§	Anm.
Parther (Forts.)	I	284	
	I	288 f.	
	I	317	
	I	362 f.	
	I	433	
	I	486	
	II	379	
	II	389	
	VII	105	
	VII	221 ff.	112
	VII		120
Passah			
Datum des Passahs	I	229	
4 v. Chr.	I		287
	II	10	
	II	224	
	II	232	
Beginn der Unruhen	II	244	137
im Jahr 66, Teilnehmerzahl	II	280	155
	IV	402	
	V	98	
	VI	290	
	VI	422ff.	250–252
in Masada	VII		Exk. XXIV
Passahlämmer	VI	424	
Paulinus, M. Valerius, Präfekt			
von Ägypten	III	344	79
	VII	434	207
Paulus s. Claudius			
Pax Romana	VII		43
Pech	III	228	
Pedanius			
1. Legat	I	538	
2. Reiter	VI	161	59
Peitholaos, Heerführer	I	162	
	I	172	
	I	180	
Penaten	VII		39
Pescher: exegetische Methode			
der Essener	II		83
Petilius Cerealis s. Cerealis			
Petronius, Statthalter in Syrien	II	185–203	108
Pfingsten s. Feste, Wochenfest			
Phädra, Frau des Herodes	I	563	
Phallion, Bruder des Antipater (1.)	I	130	
Phanni s. Pinhas			
Pfählung: Todesstrafe	IV		73
Pharisäer	I	110–114	63
Verweigerung des Eides	I	571	264
	II	119	35

I. Personen und Sachen **Ph**

	Buch	§	Anm.
Pharisäer (Forts.)			
Beschreibung	II	162–166	87
	II		90 f.
	II	411	
	IV		45
Phasael			
1. Bruder des Herodes	I	181	
	I	203	
	I	206	
	I	214	
	I	224	
	I	228	
	I	237	
	I	251–277	
2. Sohn des Phasael	I	274	
	I	484	233
	I	566	261
3. Sohn des Herodes	I	562	
Pheroas			
Bruder des Herodes	I	181	
	I	308	
	I	325	
	I	473	
Tetrarch, Datum	I	483 ff.	
Differenzen mit Herodes	I		234
	I	502–508	
	I	545	
	I	557	
	I	565	
	I	567–596	262
seine Frau Anhängerin d. Pharisäer	I		264
Tetrarchie Peräa	I		267
	I	609	
	I	638	
	II	99	
Philippion, Sohn des Ptolemäus			
von Chalkis	I	185 f.	
Philippus			
1. von Makedonien	II	360	
2. Sohn des Herodes	I		258
	I	562	
	I	602	
	I	668	
	II	14	
	II	83	
sein Gebiet	II	95	24
	II	167	
	II	181	105 f.
	II	247	
	III	512	

57

Ph I. Personen und Sachen

	Buch	§	Anm.
Philippus (Forts.)			
3. Sohn des Jakimos	II	421	191
	II	556	
	IV	81	
Philopappus, Sohn des Antiochus			
Epiphanes von Kommagene	VII		111
Phineas s. Pinḥas			
Phoebus, Gesandter Agrippas II.	II	524	
Pilatus			
Bluttaten im Tempel	I		82
Amtszeit	II	169–177	95
Pinḥas			
1. Idumäerführer	IV	235	
2. letzter Hoherpriester	IV	155 ff.	40
seine Wahl, Herkunft	IV		Exk. IV
3. Tempelschatzmeister	VI	390	225
Pisidier, Volk	I	88	
Piso, römischer Heerführer	I	143	
Placidus, römischer Heerführer	III	59 ff.	
	III	110 ff.	41
	III	144	
	III	325	
	IV	57– 61	
	IV	419–439	
Plagen im apokalyptischen			
Schema	IV		105
Polemik s. Stil			
Polemik: Josephus gegen			
Sikarier	VII		138
Polygamie	I	248	
	I	477	
	I	562	
Pompa: Ehrengeleit	VII	68	36
Pompeius	I	127–158	73 f.
	I		77
	I		79
	I	160	
	I	183 ff.	
	I	187	
	I		Exk. II
	V	506	
Poplas, Freund des Archelaos	II	14	
Prätorianer in Rom	IV	592	199
Priester	I	36 ff.	
	I	148 ff.	
Wechsel der Kleidung	II	131	49
weißes Gewand	II		58
	II	321	
	II	417	
	III	352	

I. Personen und Sachen   **Pt**

	Buch	§	Anm.
Priester (Forts.)			
ihre Stellung im apokalyptischen Endkampf bei den Essenern	IV		53
Kampf mit der Waffe gefährdet ihre Heiligkeit	V		4
	V	228f.	
	VI	278	
Priestertraditionen	VI		Exk. XIII
	VI	299	
	VI	318	
	VI	322	
	VI	387	
Priestersippe	IV		37
Priscus			
1. Tyrannius	II	531	232
2. Befehlshaber	II	544	232
3. Centurio	V	175	
Prodigien s. Zeichen			
Prokonsul, Verwalter einer Senatsprovinz	II		174
Prokurator			
Residenz in Caesarea	II		97
Haltung des Josephus gegenüber den Prokuratoren	VII		90
Strafgewalt des Prokurators	VII		216
Prokurator = Schatzmeister	VII		108
Prolepse s. Stil		347	
Prophetie			
s. χρησμός	I		
bei den Essenern	II		30
	II	159	83
falsche Prophetie	II	259	
Falscher Prophet in Ägypten	II	261	148
zelotische Prophetie	VI		111
zelotisch-apokalyptische Prophetie	VI	285f.	133
alttestamentlich-prophetische Züge	VI		135
	VI		Exk. XIV
Unglücksprophet	VI		144
Josephus gegen zelotische Prophetie	VI		206
Jonathan	VII		211
Proselyt	II	463	206
	VI		3
Provinz: Arten, Verhältnis untereinander	II		32
Ptolemäus			
1. Ptolemäus IV. Philopator	I		279

Pt   I. Personen und Sachen

	Buch	§	Anm.
Ptolemäus (Forts.)			
2. Ptolemäus IV. Philometor	I	31	
	VII	423ff.	
3. Ptolemäus Lathyrus	I	86	40
4. Ptolemäus XIII. Auletes	I	175	91
5. Ptolemäus von Chalkis	I	103	57
	I	115	64
	I	185	
	I	239	
	I	248	
6. Ptolemäus, Sohn des Soemus	I	188	101
7. Ptolemäus, Minister des Herodes	I	280	
	I	473	229
	I	667	
	II	14	
	II	21	
	II	69	
8. Ptolemäus, Kommandant in Galiläa	I	314f.	
9. Ptolemäus, Verräter des Agrippa	II	595	
10. Schwiegersohn des Simon Makkabäus	I	54	
publicatio: Einziehung der Güter Verurteilter	VII		214
Pudens, Soldat	VI	172	64
Purpur	I	671	
	IV	563	
	V	212f.	
	V	232	
	VI	390	
	VII	29	
	VII	124	
	VII	162	
Pythagoräischer Einfluß auf die Essener	II		35
	II		44
	II		58
	II		70
Quadratus Umidius, Statthalter in Syrien	II	139ff.	134
Quellen des Josephus			
Herkunft der römerfreundlichen Argumente Agrippas	II		183
Nikolaus von Damaskus	I	86f.	46
Darstellung des Hyrkan nach Nikolaus	I	235	117

I. Personen und Sachen   **Rä**

	Buch	§	Anm.
Quellen des Josephus (Forts.)			
Einfluß des Nikolaos auf			
Buch I, Kap. 20–33	I		173
Nikolaos und griechische Mitarbeiter des Josephus	I	580f.	268
Herodesrede I 373 Einfluß griechischer Mitarbeiter?	I		169
Einfluß der griechischen Tragödie	I	431	206
Plato als Vorlage zu III 376	III	376	90
antike Historiker	IV	496	157
gemeinsame Quelle für Tacitus und Josephus	IV	657	224
Marschplan des Titus als Quelle	IV	658	225
Heeresdienstvorschrift als Quelle für III 70–109	III		32
hellenistische Schultraditionen	VII	164	92
östliche, römische, hellenistische Quellen (?)	VII	220	112
Übernahme der Chronologie Hebrons aus einer Quelle	IV	531	170
schwankendes Urteil über die Pharisäer auf Grund von Quellen	I		63
Freiheit im Umgang mit Quellen	II		2
Quellenanalyse Schlatters	VI		105
Quellenanalyse des Triumphzugs	VII		Exk. XX, 5
Quellenanalyse des Alanenberichts	VII	244	126
Quellenanalyse des Masadaberichts	VII	252–406	131
Quellenanalyse des Masadaberichts	VII		Exk. XX
Quellen			
heiße	I	657	
heiß und bitter	VII	186	
Elisaquelle	IV	460ff.	
Quellwunder als Omen	V	409f.	168
Quirinius, Statthalter in Syrien	II		33
	II	433	
	VII	253	
Rabenfisch s. κοραχινός			
Räuber			
römerfeindliche Patrioten	I	304	142
Terminus bei Josephus	II		65

Rä   I. Personen und Sachen

	Buch	§	Anm.
Räuber (Forts.)			
für Zeloten	II	229	127
römische Strafe	II		133
Sprachgebrauch	VI		220
Sprachgebrauch bei Josephus wie bei Mk vom römischen Recht bestimmt	IV		36
Räuberei			
wirtschaftliche Vorbereitungen für den Krieg	IV	134	28
Räucherwerk: Bestandteile	V	218	84
	VII	71	
Raguel, Vater des Syphas	IV	141*	
Rathaus s. Jerusalem			
Raute s. Feigenbaum			
	VII	178	95
Recht			
ius coloniae	VII		109
römisches Strafrecht	VII		121
Zeugenrecht	VII		187
delatio	VII		210
Todesstrafe, Exilierung	VII		214
Prokuratorenrecht	VII		216
Rechte der Juden			
Zugeständnisse der Römer	VI	335	165
	VI		Exk. XVI
Gleichberechtigung in Antiochien	VII		27
Bronzetafeln mit dem Recht der Juden in Antiochien	VII	109f.	57f.
in Ägypten	VII		193
Recht auf Weihgeschenke	VII		207
Neuordnung der Provinz Judäa	VII		108
Rechtsbruch der Zeloten	IV		Exk. IV
Rede			
des Agrippa	II	345–401	185
des Ananos	IV	163–192	
des Eleazar	VII	323–336	
	VII	341–388	
	VI		Exk. XII
	VII		Exk. XXII
	VII		Exk. XXIV
des Herodes vor Soldaten	I	373–379	
des Jesus	IV	238–269	
des Josephus in Jotapata	III	362–381	
1. Rede vor Jerusalem	V	376–419	145ff.
	V		150
2. Rede vor Jerusalem	VI	99–110	

I. Personen und Sachen Rö

	Buch	§	Anm.
Rede (Forts.)			
des Titus vor Soldaten	III	471–483	
	VI	34– 53	
im Kriegsrat	V	491–501	199
an die Aufständischen	VI	328–350	160
	VI		181
Reinheit			
an Festen	I	229	114
Erfordernisse in Qumran	II		75
	II	289	
zum Betreten des Tempels	IV		51
	IV	205	
	V	100	
zum Betreten des Tempels	V		92
	V	297	
Verweigerung von Speisen	VI		247
Unreinheit des Rautenbaums	VII		95
18 Bestimmungen	VII		101
bei Johannes von Giskala	VII		141
Reinigung			
7 Reinigungen	I		9
nach Berühren einer Leiche	IV		56
Rekanaanisierung im Spätjudentum	IV		135
restitutio in integrum	IV		214
Riegel	IV	269	
	VI	293	
Römer			
Intervention	I		66
Absicht des Bündnisses mit den Makkabäern	II		183
gerechte Heiden	V		166
Disziplin	III	104	
	V	124ff.	
	VI		112
	VI		115
	VII		4
Ehrgeiz	III	480f.	
	V	503	
	VI	142	
Geduld	III	106	
	III	479	
	IV	42	
Glück	II	373	
	II	378	
Kriegstüchtigkeit	II	529	
	III	71ff.	
	III	475ff.	
	V	353	
	VI	38	

Rö   I. Personen und Sachen

	Buch	§	Anm.
Römer (Forts.)			
Macht	II	361 ff.	
	VI	330 ff.	
Überlegung	III	98	
	IV	45 f.	
Roxane			
Tochter des Herodes	I		263
	II		26
Rufus			
1. Befehlshaber der Reiterei	II	52	
	II	74	
2. Terentius	VII	31	
3. Soldat	VII	199	
Sabbat			
Selbstverteidigung erlaubt	I	146	80
Eroberung des Tempels durch			
Pompeius am Sabbat	I		81
Sabbatordnung bei den			
Essenern	II	147	74
	II	289	
	II	392	
	II	456	
	II	634	
Kein Verkehr mit Heiden			
am Sabbat	IV	99 f.	22
Durch Trompetensignal ange-			
kündigt	IV	582	196
	V	230	
Sabbatruhe, kosmisches Ver-			
ständnis	VII	52 f.	
	VII		53
Sabbatfluß s. Ortsregister			
Sabbatjahr	I	60	
Sabbatai Zwi	VII		211
Sabinus			
1. Prokurator	II	16 ff.	4
	II	23	
	II	41	10
	II	66	
	II	74	
2. Flavius, Bruder des			
Vespasian	IV	548	
	IV		202
	IV	645 ff.	220
3. Domitius	V	340	
4. Held	VI	54	
Sacharja s. Zacharias			
Sadokiden s. Zadokiden			

I. Personen und Sachen — Sa

	Buch	§	Anm.
Sadduzäer	I		121
	II	164 ff.	89
	II		92
Säge	III	95	
Säge im Tempel	IV	298	72
	IV	300	
Salampsio, Tochter des Herodes	I		233
	I		261
Salbung	VI		68
Salome			
1. Alexandra	I		39
2. Schwester des Herodes	I	181	
	I	438	213
	I	443	
	I	446	
	I	474 f.	230
	I	483	
	I	486 f.	234 f.
	I	498	
	I	534	
	I	538	
	I	545	
	I	533	
	I	566	260 f.
	I	569 ff.	
	I	641 ff.	
	I	646	
	I	660	
	I	666	
	II	15	
	II	20	
	II	98	
	II	167	
3. Tochter des Herodes	I	563	
4. Tochter des Philippus (2.)	II		106
Salomo, König	V	137	
	V	185	
	VI	269	
Salz	III	181	
	IV	462	
Samaritaner s. Chutäer			
	I	542	
	II	111	
	II	232–245	
	III	307 ff.	
Samaritaner: Truppen von Sebaste	II	52	
	II	58	
	II	63	
	II	74	
	II	236	

Sa — I. Personen und Sachen

	Buch	§	Anm.
Samenfluß: Krankheit	V		92
Sapphia, Vater des Jesus (6.)	II	599	
Sapphinius, Freund des Herodes	I	280	
Sara	V	379	147
Saramalla, Syrer	I	259	
Sarkasmus s. Stil			
Sarmaten, Volk	VII	90 ff.	47
Satorninus, Statthalter von Syrien	I	538	249
	I	541	
	I	554	
	I	577	
Saturninus, Konsul	II	205	
Saulus			
1. Verwandter Agrippas II.	II	418	
	II	556 ff.	
2. von Skythopolis	II	469	
Scaurus, Feldherr	I	127 f.	
	I	159	
Schätzung			
durch Quirinius	II		33
Judas (5.)	VII	253	137
Schammai = Sameas?	I		108
Scharlach: Farbe	V	213	
	VI	390	
Schatzkammer s. Tempel			
Schatzmeister über den Tempel-			
schatz	VI	390	225
Schaubrottisch s. Tempel			
Schechina			
Lichterscheinung	VI		137
	VI		143
Auszug der Schechina	VII		184
Scheltrede s. Stil			
Schildkröte, taktisches Mittel			
der Kriegführung	II	537	230
	VI	27	
Schema: Judas	II	118	
Essener	II		60
Schminke	IV	561	187
Schmuck	V		214
Schnee	I	304	
	III	508	
	IV	473	
Schrift, heilige, s. Tora			
Schriftstudium			
in Verbindung mit Traum-			
deutung bei den Essenern	II		30
	II		56
bringt Einsicht in den Plan			
Gottes	II		64

I. Personen und Sachen Si

	Buch	§	Anm.
Schriftstudium (Forts.)			
Schriftstudium und Prophetie	II		83
	III	352	83
Schriftgelehrte	VI	291	136
	I	648	
Schuldner	II	427	
	VII	61	
Schultraditionen, geographische	VII		92
	VI	133	
	VII		Exk. XXII,2
Scipio			
1. Africanus der Jüngere	II	380	
2. Q. Metellus	I	185	99
Secundus Poponius, Konsul	II	205	
Sedekias, König	V	391	
Seele: griechische Volksreligion	VI		13
Seelenlehre			
in der griechischen Volks-			
religion	VI		13
Seelenlehre des Josephus	VI		Exk. XII
essenische Seelenlehre	II		82
Unsterblichkeitslehre	III		88
Seide	VII	126	
Selbstmord			
Beurteilung des Josephus	I	271	134
	I	313	
	II	471	
Rede des Josephus	III	362–380	85
	III		91
Eleazarrede	VII	321–388	185
Sennacherim, assyrischer König	V	387ff.	
	V	409	
Seppheraios, Vater des Judas(10.)	I	648	
Serapis	VII		61
Serubabel: Vergleich mit			
Siegelring	I	290	
Servianus, Heerführer	I	171	
Sessel, elfenbeinerner	VII	126	64
Siegelring: Bedeutung	I	667	290
Siegesgesang s. Pään			
Sikarier			
Sikarier und Zeloten	II	254ff.	145ff.
	II	425	
Übernahme essenischen Ideals	IV	399ff.	108
Freiheitsverständnis	V		139
	VII	253ff.	Exk. XXI
	VII		138f.
Besonderheit der Masadaleute	VII		Exk. XXIV
	VII	410ff.	190
	VII	437ff.	

I. Personen und Sachen

	Buch	§	Anm.
Silas der Babylonier	II	520	226
	III	11	
	III	19	
Silo, römischer Feldherr	I	289–302	
	I	309	
Simon			
1. Sohn des Akathela	IV	235	
	IV	271	
	V	249	
	VI	148	50
2. Sohn des Ananias	II	418	
3. Sohn des Ari	VI	92	
	VI	148	50
	VII	215	
	V	250	105
4. der Essener	II	113	
5. Sohn des Esron	V	6	
6. der Gerechte	VII		202
7. Sohn des Giora	II	521	227
Flucht nach Masada	II	652 ff.	
besiegt Idumäer, belagert Jerusalem	IV	503–544	Exk. VII
Unterwerfung Idumäas, Einzug in Jerusalem	IV	556–576	
belagert die Zeloten im Tempel	IV	577–584	
	V	11– 35	
Residenz in Jerusalem	V	169	
Macht	V	248 ff.	
Aktivität gegen die Römer	V	266 ff.	
Einigung mit den Zeloten	V	278 ff.	
Verteidigung der zweiten Mauer	V	305	
Rückzug von der zweiten Mauer	V	322	
Ausfall	V	473 ff.	
Grausamkeit	V	527 ff.	
Verteidigung des Tempels	VI	92–143	
	VI		50
Polemik des Josephus gegen Simon	VI		100
Aufgabe der Türme	VI	401	
Flucht in die Gänge	VI	433	255
Auftauchen am Tempelplatz	VII	26–36	19–21
im Triumphzug	VII	118	
Tod	VII	154	84
	VII		Exk. XXI
als τύραννος	VII		142
Aufenthalt in Masada	VII		152
8. Sohn des Jonathan	II	628	

I. Personen und Sachen **Sp**

	Buch	§	Anm.
Simon (Forts.)			
9. Kronprätendent	II	57 ff.	
10. Makkabäus	I		Exk. I
	I	49– 54	24
11. Sohn des Osaia	VI	148	
12. von Skythopolis	II	469 ff.	
Sisenna, römischer Heerführer	I	171	
Sisyphus	II	156	
Sklaven, Sklaverei	I	180	
	I	584	
	I	673	
	III	69	
	III	125	
	III	540 f.	
	III	386	
als Begleiter von Gesandtschaften	IV		64
Jerusalemer Gefangene als Sklaven verkauft	VI	384	219
in Goldbergwerken	VI		246
Skythen			
Sarmaten	VII	89 f.	47
Alanen	VII	244	126
Soemus			
1. Araber	I	574	
2. Fürst von Emesa	II	481	209
	II	483	
	II	501	217
	III	68	
	VII	226	114
3. Ituräer	I	217	
Sodomasapfel	V	484	148
Söldner	I	88	
	I	93	
	I	112	
	III	126	
Sonne			
Bedeutung bei den Essenern	II	128	44
Manifestation Gottes	IV	382	100
	VI	217	92
Sosa, Vater des Jakobus	VI	92	
Soter: Vespasian als Soter.	VII	71	38
Sossius, römischer Feldherr	I	327	147
	I	345–357	
	V	398	
	VI	436	
Spanier s. Iberer			
Speerträger s. Waffe			
Speisen, verbotene, Schweinefleisch	II		80 f.

Sp I. Personen und Sachen

	Buch	§	Anm.
Spiele			
zu Ehren des Kaisers	I	415	
von Titus veranstaltet	VII	38ff.	
	VII	96	
Statue, aus Bronze s. στήλη	V	181	
Stangen, goldene, s. Tempel			
Steinigung	I		251
Stephanus, kaiserlicher Sklave	II	228	
Steuer	I	154	
	I	219ff.	
	I	428	
	I	524	
	II	4	
	II	85	
	II	293	
	II	386	
	II	404ff.	
Tempelsteuer	VI		165
Rechte der Juden	VI		Exk. VI
Steuer für den Juppiter			
Capitolinus	VII	218	110
Provinzialzensus	VII	253	137
Stickerei, babylonische Spezialität	V	212	79
	VII	134	68
Stil			
mißverständliche Ausdrucksweise	II	128	44
griechischem Geschmack			
angepaßt	II	119	35
Anklagestil	IV		63
	IV		65
Anklang			
an Homer	III	202	59
Sophokles, Electra	VII	348*	
griechische Tragödie	I	434	206
Thukydides	I	313	169
	IV		27
Gnome	VII		21
hellenistische Färbung	IV	156	40
Klagelied	VI		86
	V		19
Midrasch, essenischer	II		30
Verwendung des Midrasch	V		147
Paradoxie	VII		37
	VII	70*	
Paränese	VII		Exk. XXIV,1
paränetisches Gerichtswort	V		146
Plerophporie	III	43	16
Prolepse	VII		35
sakrale Redeweise	I	470	228
Sarkasmus	I	587	270

I. Personen und Sachen Te

	Buch	§	Anm.
Stil (Forts.)			
Scheltrede	VI		80
	VII		Exk. XXII,1
	VII		Exk. XXIV
Schema vom Tag Jahwes	IV		189
rhetorisches Schema	V		12
Semitismus	II	135	54
Summarium, geschichtliches	V		144
Topik	VII		74
Wortspiel	IV	145	31
	V	272	116
	V	299	124
Stimme s. φωνή			
Stoiker: Ähnlichkeit der Pharisäer	II		35
Tamid s. Opfer			
Tafeln s. Bronzetafeln			
Tammuz s. Panemos			
Tantalus	II	156	
Tauben	V	181	53
Taurer, Volksstamm	II	366	176
Temenos, makedonischer Herrscher	I	476	231
Tempel in Jerusalem			
Adler, goldener	I	650	Exk. III
Allerheiligstes	I	152	83
	I	354	
	V	219	85
	V	236	
	VI	122	
	VI	260	114
Altar, Brandopferaltar	I	148	
	V	16	
	V	102	
	V	225	90
	V	229	
	IV	259	
	VI	290	
	VII		204
Altar, Räucheraltar	I		83
	V	216	82
	V	218	
Aussehen	V	207f.	74f.
	V	221	87
Baugeschichte	I	401	183
	V		13
	V	185–187	56–58
Bedeutung	V	376	145
	V	458	185

Te   I. Personen und Sachen

	Buch	§	Anm.
Tempel in Jerusalem (Forts.)			
Bedeutung, strategische	IV	172	25
	VI	73	20
Beschreibung	V	184–237	54
Besetzung durch die			
Zeloten	IV	151 ff.	36
	IV		Exk. IV
	IV	162	
	IV	262	
	V	402	
	V	562 ff.	
Dach	V	224	89
Dach: goldene Stangen	VI	278	
Dienst	V	389	155
Exhedra s. Torhalle			
Geräte und Werkzeuge	IV	298	72
	IV	300	
	V	216	82
Geschichte	I	32	13
	I	39	
	I	73	
	I	78	
	I	122	
	I	143 ff.	54
	I	152 f.	
	I	179	
	I	254	
	I	351	
	I	354	
	II	1 f.	
	II	47 ff.	
	II	185 ff.	
	II	224 ff.	
	II	294	
	II	328 ff.	
	II	340	
	II	422	
	II	355 ff.	
	IV	172	
	IV	196 ff.	
	IV	300 ff.	
	IV	336	
	IV	570 ff.	
	V	7 ff.	
	V	99 ff.	
	V	363 ff.	
	VI	130	
	VI	149 ff.	
	VI	177 ff.	
	VI	220	

I. Personen und Sachen   **Te**

	Buch	§	Anm.
Tempel in Jerusalem (Forts.)			
Heiligkeit und Reinheit (s. auch			
Besetzung durch die Zeloten)	IV		51
	IV	262	
	V	227	92
inneres Heiligtum	V	363	
	V	197	65
Leuchter	I	152	83
	V	216f.	82f.
	VI	388	223
	VII		Exk. XX, 5
	VII	148ff.	80
Maße	V	209	76
	V	215	81
	VI	192	61
Mauern	V	7	3
Nikanortor s. Tore			
Osttor s. Tore			
Räume	IV		196
	V	220	86
	V	565	219
Reinheit s. Heiligkeit			
Rettung durch Gott	V	459	
Schatz	II	50	10
	II	175	101
	VI	387	222f.
Schatzkammer	V	200	68
	VI	282	129
Schaubrottisch	I	152	83
	V	216	82
Schranken			
im Vorhof	V	193	63
vor dem Tempelhaus	V	226	91
Seitenhallen	V	191	60
	V	203	71
Stangen, goldene s. Dach			
Terrasse und Treppen	V	197	65
Tore	II		230
	V	198ff.	66f.
	V		70
	VI		124
	VI		151
ehernes Tor	II	411	187
Jechonja-Tor	IV		33
korinthisches Tor = ehernes Tor			
Nikanortor (s. auch Osttor)	V		73
	VI	281	128
Osttor (s. auch Nikanortor)	V		69
	VI	293	Exk. XIII

Te   I. Personen und Sachen

	Bnch	§	Anm.
Tempel in Jerusalem			
Tore (Forts.)			
sonstige	I	416	
	I	650	
	II	537	
	VI	222	
	VI	228	
	VI	316	
	VI		103
	VI		113
	VI	325	158
Torhalle, Exhedra	V	38	14
	VI	150	
	VI	220	
Untergang	IV		78
	IV		101
	VI	165	61
	VI		75
	VI	244–287	108f.
unterirdische Gänge und			
Räume	V	99	28
Vorhang	V	212ff.	79f.
	V	219	
	VI	389f.	224
	VII	162	89
Vorhof der Frauen	V	189	
	V	206	
	VI	415	
Vorhof der Heiden	IV	182	
Warntafeln	V	194	64
	VI	125	
Werkzeuge s. Geräte			
Zeichen und Weissagungen	VI	290	
	VI	293ff.	
	VI	299	
	VI	311	
	VI	316	
	VI		Exk. XIII
Tempel des Friedens in Rom	VII	158	86
	VII		88
Tempel auf dem Garizim	I	63	28
	III	307–316	
Tempel der goldenen Kuh	IV	3	5
Tempel der Isis	VII	123	61
Tempel des Apollo	II	81	
	VII		61
Tempel des Augustus	I	403f.	
	I	414	
Tempel des Onias			
Lage	VII	421–436	Exk. XXV

I. Personen und Sachen **Ti**

	Buch	§	Anm.
Tempel des Onias (Forts.)			
Schließung	VII		199
Name, Vergleich mit			
Jerusalem	VII		201–203
	VII		205–207
Tempel, sonstige	I	277	
	I	407	
	II	266	
Tempelhauptmann: Aufgabe,			
Rang	I		285
	II	409	186
	VI	293	Exk. XIII
Tempelsteuer	VI	335	
	VII	218	
Tempelwache: Bewaffnung	III		39
Tephthäus aus Garis	V	474	
Testament des Herodes	I	451	
	I	573	265
	I	625	
	I	646	282
	I	664	
	I	668f.	
	II	20	
	II	35f.	
	II	100	
	VI	188	
Tetrarch: Titel	I	244	124
Text			
projüdische Bearbeitung	VII	52*	
Textverderbnis	I	484	233
frühe Textverderbnis	VII	347*	
gute Lesart im cod. L	IV	11	6
Theater	I	415	
	I	422	
	I	490	
	VII	47	
	VII	108	
	VII	131	
Thebuti, Priester	VI	387	
Theodorus, Sohn des Zenon	I	104	58
	I	86f.	
Theudas, Messiasprätendent	IV		174
Theudion, Schwager des Herodes	I	553	257
	I	592	
Thraker, Volk	I	673	
	II	368	
Tiberius			
1. Kaiser	I		256
	II	168f.	
	II	178ff.	104

75

Ti I. Personen und Sachen

	Buch	§	Anm.
Tiberius (Forts.)			
2. Alexander	II	220	123
	II	309	162
	II	492	212
	IV		203
	IV	616ff.	
	V	45	
	V	205	72
	V	510	
	VI	237	105
	VI	242	
Tigellinus, Sophronius	IV	492	152
Tigranes			
1. Armenierkönig	I	116	66
2. Enkel des Herodes	I	552	256
	II		125
3. Neffe des Vorigen	II		125
Tiridates, König von Armenien	II		178
	VII	249f.	130
Tiron, Soldat	I	544	254
Titus			
s. clementia			
s. φιλανθρωπία			
Entweihung von Torarollen	II		127
Berenike	II		163
bringt Legionen aus Ägypten	III	8	
	III	64	
seine Sohnesliebe	III	228	
Eroberung von Jotapata	III	324	
Mitleid mit Josephus	III	396	
Verheißung der Kaiserwürde	III	401	
Eroberung von Tarichäa	III	470ff.	115
in Syrien	IV	32	
Eroberung von Gamala	IV	70ff.	19
Milde gegen Giskala	IV	92ff.	
Oberbefehl über die Truppen	IV	658	
seine Streitkräfte	V	40ff.	15
Tapferkeit	V	52	
rettet die zehnte Legion	V	81	
	V	93	
Gnade gegen Soldaten	V	128	
schlägt einen Ausfall zurück	V	287	
Mißbrauch seiner Milde	V	317ff.	
als Bogenschütze	V	339f.	
läßt die Juden durch Josephus zur Besinnung rufen	V	360	
Strenge	V	450	
	V	455	
	VI	155	
	VI	322	155

I. Personen und Sachen **To**

	Buch	§	Anm.
Titus			
Strenge (Forts.)	VI	362	
Kriegsrat, Umwallung	V	491 ff.	
Gott als Zeuge seiner clementia	V	519	
Rede vor dem Sturm auf die Antonia	VI	33 ff.	
Gnadenangebot	VI	95	
Güte gegen Überläufer	VI	115 ff.	
Vertreter der rechten Gottesverehrung bei Josephus	VI		42
Entrüstung über Tempelschänder	VI	124 ff.	
will persönlich mitkämpfen	VI	132	
Schmerz über Gefallene	VI	182	67
Vertreter des göttlichen Rechts bei Josephus	VI		89
Entsetzen über die Vorgänge in der Stadt	VI	215	91
läßt die Hallen anzünden	VI	228	
will den Tempel schonen	VI	241	108
versucht, den brennenden Tempel zu retten	VI	254 ff.	112
	VI		115
im Tempel	VI	260 f.	114
seine φιλανθρωπία	VI		157
Titusbild des Josephus	VI		160
Angebot der Kapitulation	VI	328 ff.	
Aufnahme von Überläufern	VI	383	
begnadigt Idumäer und Adiabener	VI	356	
	VI	379	
Bezeugung von Gottes Beistand	VI	411	
Entlassung des Heeres	VII	6	
in Caesarea	VII	20	
in Caesarea Philippi	VII	23	
in Berytos	VII	39	
	VII	96	
in Antiochien	VII	100 ff.	
Bedauern über Jerusalem	VII	105	
von Alexandrien nach Rom	VII	116 ff.	
Triumph	VII	123 ff.	
Titus in der rabbinischen Literatur	VII		89
Mitregentschaft	VII		217
Titus Phrygius, Anführer der fünfzehnten Legion	VI	237	105
Tityus	II	156	
Tobias, Söhne des Tobias	I	31	

To I. Personen und Sachen

	Buch	§	Anm.
Tora			
unterschiedliche Befolgung			
bei Pharisäern und Zeloten	II		34
Norm der Essener nach einer			
bestimmten Auslegung	II		60
Märtyrertum für die Tora	II		81
Vernichtung und Entweihung			
von Torarollen	II	229	127
	II	291f.	
Torarolle im Triumph	VII	150	81
Entweihung durch Titus	VII	162	89
Trajan, Legat, Vater des Kaisers			
Trajan	III	289	69
	III	485	
	IV	450	
Trauer	II	6	
	II	237	
	II	322ff.	
	II	435	
Dauer	III		104
Trauerkleidung	IV		66
Traum	I	328	
Deutung bei den Essenern	II	112f.	30
	II	116	
Verbindung von Traum und			
Schriftforschung	III	352f.	83
tribus	VII		40
Troßknechte s. calones			
Triumphzug	VII	123–157	61
Verlauf durch die Stadt	VII		66
	VII		Exk. XX
Aufbau eines Triumphzuges	VII		71
Betonung des visuellen Ele-			
ments beim Triumphzug	VII	156*	
Trompeten	IV	582	
Tryphon			
1. Usurpator	I	51	
2. Hofbarbier	I	547ff.	
Tullianum, Hinrichtungsort in			
Rom	VII		84
Turm, Belagerungswerkzeug	III	284	
	V	37	
	V	292	
	VII	309	159
Tyrann			
polemische Bezeichnung des			
Josephus für Simon bar			
Giora	VI	227	100
	VII	265	142
für Eleazar (5.)	VII	253	135

78

I. Personen und Sachen Ve

	Buch	§	Anm.
Überläufer			
von den Römern zu den Juden	V	268	114
als Saboteure	V		132
von den Römern zu den Juden	V		198
Strafe, Spione	VI	345	181f.
Kriegsrecht für Überläufer als			
Spione	VI	356	199
	VI		220
Überschriften und Unterschriften			
der einzelnen Bücher des			
bellum	VII	455*	
Übersetzung			
lateinische	VII	417*	
Vorlage besser als Codices	VII	358*	
Umkehr: Buße Jechonjas	VI		32
Unmäßigkeit			
des Vitellius	IV	652	
der Eleazargruppe	V	21	
	V	23	
Unwetter: Bild kosmischer			
Erschütterung	IV	287	71
Unzucht			
Alexanders (7.)	I	488	236
der Zeloten	IV	562	
Valens, Feldherr	IV	547	
Valerianus, decurio	III	448ff.	
Varro, Statthalter in Syrien	I	398f.	
Varus			
1. Statthalter in Syrien	I	617ff.	274
	I	639f.	
	II	16f.	
	II	39	
	II	54	
	II	66– 79	
	II	83	
2. Minister Agrippas II.	II	247	140
Vecilius Modestus, tribunus			
militum der sechsten Legion	VII		113
Ventidius			
1. P. Bassus, Feldherr	I	288–317	140
2. Cerealis s. Cerealis			
3. Q. Didius, Statthalter	I	392	176
Verbrennung	VII		216
Verführer, falscher Prophet	VI		133f.
Verpachtung der kaiserlichen			
Provinzen	VII	216	108
Versammlung Vornehmer in Jericho	I	659	289

Ve   I. Personen und Sachen

	Buch	§	Anm.
Verstümmelung Hyrkans II.	I	270	133
Verteidigung			
gegen Wurfmaschinen	III	173	56
allgemein	III		62
mit heißem Öl und			
brennendem Naphta	III	271	67
mit griechischem Heu	III	277	68
Vespasian			
Übernahme des militärischen			
Oberbefehls in Syrien	II		154
Feldherr im jüdischen Krieg	III	4	2
Ankunft in Antiochien und			
Ptolemais	III	29	
Streifzüge in Galiläa	III	59	
seine Streitkräfte	III	65 ff.	
Zug nach Galiläa	III	127	
Einnahme von Gabara	III	132 ff.	
Belagerung Jotapatas	III	145 ff.	
Verwundung	III	236	
Eroberung von Japha	III	289	
Eroberung des Garizim	III	307	
Eroberung Jotapatas	III	323	
Verheißung der Kaiserwürde	III	401	
Begnadigung des Josephus	III	408	
Einnahme von Joppe	III	414 ff.	
in Caesarea Philippi	III	444	
Übergabe von Tiberias	III	460 f.	
Lager bei Tarichäa	III	462	
Begnadigung der Bewohner			
von Tarichäa	III	532 ff.	
Lager in Caesarea, Einnahme			
von Jamnia und Azotus	IV	130	
Zögern beim Angriff auf			
Jerusalem	IV		99
Weissagung auf das Kaisertum	IV		101
Mitleid	IV	411	
zum Angriff auf Jerusalem	IV		112
Unterwerfung von Gadara	IV	413 ff.	
Nachricht vom Tod Neros	IV	491	
	IV		181
Nachricht von Unruhen in Rom	IV	588 f.	
Ausrufung zum Kaiser	IV	601	
Reise nach Berytos	IV	620 f.	203 f.
Reise nach Antiochien	IV	630	
Reise nach Alexandrien	IV	656	
Reise nach Rom	VII	21	
	VII	63	
heilt einen Blinden und einen			
Lahmen	IV		225
Geburtstag	VII		23

I. Personen und Sachen　　　　**Wa**

	Buch	§	Anm.
Vespasian (Forts.)			
Akklamation, Titel	VII		38
Triumph	VII	123 ff.	62
Verpachtung Judäas	VII	216 f.	108
Regierungsantritt, Orient-			
politik	VII		111 f.
Vindex, Führer des Aufstands			
in Gallien	IV	440	118
Vitellius, Kaiser	IV	495	
	IV	456 ff.	
	IV	585 ff.	198
	IV	595 ff.	200
	IV	605	
	IV	631–653	223
Vitillus = Julius Civilis,			
Bataverführer	VII	80	40
Volkszählung des Cestius	II		154
	VI	422	250
Vologeses I., Partherkönig	VII	105	56
	VII	237	
	VII	242	
Volumnius			
1. Tribun des Herodes	I	355	247
2. Kaiserlicher Beamter	I	538	
	I	542	
Vorhang s. Tempel			
Vorhof s. Tempel			
Vorsehung			
bei den Ereignissen			
in Caesarea	II		203
beim Untergang des Tempels	VI		110
bei Vorzeichen	VI		Exk. XIV
und τύχη	VI		Exk. XVIII
bei den Ereignissen in Masada	VII		161
beim Oniastempel	VII		205
Vorzeichen s. Zeichen			
Waffen			
bei den Essenern	II		41
bei den Römern	III	94 f.	38 f.
Kidan	VII		Exk. XXIII
Lanze, Waffenträger	V		177
	VI		84
makedonischer Speer	V		189
Warntafeln s. Tempel			
Waschungen bei Banus und den			
Essenern	II		35
Wasserleitung	I	420	
von Pilatus gebaut	II	175	

Wa I. Personen und Sachen

	Buch	§	Anm.
Wasserleitung			
von Pilatus gebaut (Forts.)	II	441	
	V	304	
	VII	399	
Weihgaben			
	II	413	
	V	416	
im Tempel in Jerusalem	V	562	216
	VI	335	
in der Synagoge in Antiochien	VII	44	28
Weinstock	III	45	
	III	519	
goldener Weinstock im			
Tempel, jüdisches Symbol	V	210	77
Weissagung	I	78f.	
bei den Essenern	II	113	30
	III	352	
	III	400ff.	
	IV	388	
	VI	311–313	Exk. XV
Wild	I	429	
Wille Gottes im Zeichen	VI		Exk. XIV
Wille, freier, bei Pharisäern und			
Essenern	II		90
Weltenbaum als Motiv bei der			
Terebinthe von Mamre	IV	533	173
Widder s. Kriegsmaschine			
Wochenfest s. Fest			
Wüste			
Ort der Heilstaten	II	259	147
Zuflucht der Zeloten	VI	327	160
Stützpunkte des Aufstands	VI	351	191
Auftreten Jonathans (5.)	VII	438	209
Wunder s. Zeichen			
Vorliebe des Josephus für			
wunderbare Vorgänge	I		141
Quellwunder Elias	IV	260ff.	
Quellwunder als Omen	V	409f.	168
Jonathan (5.)	VII	438	209
Xanthicos, Monat	IV	577	
	V	99	
	V	567	
Tempelbrand, 14. Xanthicos	VI		95
	VII	401	
Xerxes, König	II	538	

I. Personen und Sachen **Ze**

	Buch	§	Anm.
Zacharias			
1. Sohn des Amphikallei	IV	225	59
2. Sohn des Bareis	IV	335	86
Zadokiden			
Verbindung zu den Essenern	II		89
Ausschaltung der Zadokiden	IV		40
Zauberer s. γοής			
Zeder	V	36ff.	
	V	190	
Zehnergruppe s. Minjan			
Zeichen s. Tempel			
Zeichen vor dem Untergang Jerusalems	II	650	
	VI		133
	VI	288–315	135–137
Zeichen bei Josephus	VI		Exk. XIV
	VI		141f.
Bewertung von Zeichen bei Josephus	I	332	148
Zeichen für die Kaiserwürde Vespasians	III	404	96
	IV		213
Zeloten			
Einnahme von Jericho	I		Exk. II
Unterschiede zu den Pharisäern	II		34
soziale Vorstellungen	II		194
zur Hinrichtung des Ananias	II		199
Zwangsbekehrung	II		202
strenge Sabbatobservanz	II		264
	II	651	
Kampfesweise	III		55
Herrschaft in Jerusalem	IV	161–388	Exk. V
Name	IV		45
Rechtsauflösung	IV		Exk. IV
eigene Rechtsordnung, Stellung zum Reichtum	IV		63
Selbstbewußtsein	IV		65
eine besondere zelotische Gruppe der εὐγενεῖς καὶ νέοι	IV	327	81
Einrichtung einer Notstandsordnung	IV		104
Gefangennahme der Frau Simons	IV	538ff.	
Empörung der Idumäer	IV	558ff.	
Spaltung der Eleazargruppe	V	5	
Rückführung der Eleazargruppe	V	105	
abfällige Bemerkungen des Josephus	V		176

Ze   I. Personen und Sachen

	Buch	§	Anm.
Zeloten (Forts.)			
Rivalität der Gruppen	V		179
eigene Gruppe innerhalb der jüdischen Kampfgruppe	VI		50
Rückzug aus dem Tempel	VI		120
	VI		Exk. XIV
Verhandlung mit Titus	VI	327	160
	VI		191
Gefangennahme unzuverlässiger Bürger	VI		243
hellenistische Etymologie	VII	268 ff.	144
Zeno, Tyrann von Philadelphia	I	60	
	I		44
Zenodorus, Fürst von Abilene	I	398 ff.	181
	II	45	
Zeus Kasios: Lage des Heiligtums	IV	661	228
Zimtbaum	VI		225
Zisternen	I	287	
	III	341	
	V	164	
	VII	176	
Zisternen von Masada	VII	291	154

II. GRIECHISCHE BEGRIFFE

	Buch	§	Anm.
ἄδεια Bedeutung, Straffreiheit	VII	243	123
	VII	293	155
αἰθήρ			
in der Eschatologie des Josephus	VI	47f.	13
	VI		Exk. XII
	VII	297	156
αἵρεσις Bezeichnung einer Religionsgruppe	II	119	35
ἀκρίβεια als Norm der Geschichtsschreibung	VII	454f.	219f.
ἀλήθεια bei den Essenern	II	141	62
als Norm der Geschichtsschreibung	VII	454f.	219f.
ἅλωσις s. Komposition			
ἀνάγκη und Selbstmord	VII	321	163
	VII	358	177
ἀναγραφή	VII	455	220
ἀντικρύς	VI	150*	
ἀπογραφή s. Schätzung			
ἀπόνοια	VI	350	188
	VII	417	195
	VII	438	209
ἀρετή Sikarier, Eleazargruppe	VII	321	Exk. XXIV
ἀρχιερεῖς Sammelbegriff	IV	197	34
αὐτοκράτωρ	VI	316	151f.
	VII	451	217
βῆμα	II	172	98
	VII	6	3
βουλή, βουλευτήριον Quaderhalle-Xystoshalle	V	144	40
	VI	354	196
γνώριμοι Anfänge des Essener	I	78	38
γόης Zauberer, falscher Prophet	VII	442	211
δαιμόνιος	VII	159	87
δέος s. Gottesschrecken Unterschied zu φόβος	IV	68	18
δεσπότης	VII	410	190
	VII	419	197
δημόται	IV	353	92
διάβρωσις	VII	453	218

δι II. Griechische Begriffe

	Buch	§	Anm.
διαδοχή	IV	148	35
διατριβή	VII	321	Exk. XXIV,1
	VII	358	177
δρυμός	VII	210	105
δύναμις	VI	300	Exk. XIV
ἐγκώμιον Lobpreis auf			
Domitian	VII	82	45
εἱμαρμένη Begriff für griechische Leser	II	162	88
	III	367	84
hellenistisch, jüdisch	VI	267	117
εἱμαρμένη und τύχη	VI	413	Exk. XVIII
ἔπαρχος Kommandant der			
Auxiliartruppen	II	450	201
Rang	III	122	42
ἐπιτιμία	IV	629	215
ἐπίτροπος Bedeutung des			
Titels bei Josephus	VI	238	105
Prokurator-Schatzmeister	VII	217	108
ἕρμειον	V	463	188
ἑρμενεύειν	VII	455	220
εὐδαιμονία beim Abschluß			
des Triumphs	VII	157	85
εὔνοια Gefolgschaftstreue	VII	7	4
	VII	64	35
εὐσεβής, εὐσέβεια	VI	211	88
ἡγεμών, ἡγεμόνες der Stab			
des Titus	VI	237	105
	VI	242	108
Vespasian als ἡγεμών	VII	71	38
ἡγεμονία römische, ist gottgewollte Ordnungsmacht	VII	133	67
	VII	242	123
	VII	133	
ἡγεμονία = imperium, offiziell	II	358	173
θεόμαχος Göttesfrevler	VI	260	114
θυσία	VI	211	88
ἱερόν Synagogen und nichtjüdische Kultstätten	IV	409	110
Terminologie ἱερόν, ἅγιον, ναός	V	185	55
Synagoge in Antiochien	VII	45	28
Verbrennen von ἱερά	VII	144	74
ἱστορία	VII	455	220

II. Griechische Begriffe ση

	Buch	§	Anm.
κατηγορία	VI	327	160
κειμήλια Tempelschätze s. Tempel			
κληρουχία Herkunft des Begriffes	III	54	23
κόλπος	VI	195	77
κορακινός Rabenfisch	III	520	127
λατρεία κοσμική	IV	324	80
μετάνοια s. Umkehr			
μητρόπολις Jerusalem als μ.	VII	375	183
μῦθος	VI	207	85
μῦσος	VI	207	85
	VI	214	90
μυστήριον	I	470	228
νίκη im Triumphzug mitgeführt	VII	136	70
ὁμοίωσις, ὁμοιότης	VII	427	203
	VII	432	206
ὄχλος nicht unter jüdischem Recht	VI	283	130
πανουργία List	VI	188	69
πάθος	I	377	170
	VI	207	85
	VI	215	90
	VI	275	122
περικόπτειν	IV	323	79
περίοδοι χρόνων Periodisierung der Geschichte	VI	250	109
πῆγμα	VII	139	73
πλῆθος	VII	49	30
πόλις rechtlicher Status	VII	217	108
Jerusalem	VII	375	183
πρεσβύτεροι bei den Essenern	II	146	71
πρόρρησις	VII	431	205
ῥᾳθυμία des Nero	VI	336	168
σηκός	VII	162	89

φῶ II. Griechische Begriffe

	Buch	§	Anm.
σημεῖον s. Zeichen			
σοφίστης	I	648	283
	V	452	183
στήλη	VI	125	43
στρατήγημα	VI	187	69
στρατηγός Josephus als σ.	VII	147	76
συγγενεῖς s. Freund			
σύμμαχος Gott als σ.	V	376	145
	V	389	155
σῶμα als Bezeichnung der Einheit bei Josephus	V	279	118
τάγμα Orden, serek	II	143	67
τεκμήριον	VII	453	218
τέρας s. Zeichen			
τόλμη Kennzeichen der Belagerten	VI	13	4
Charakterisierung der Zeloten	IV	252	65
τοπαρχία Terminus der römischen Verwaltung für einen Steuerbezirk	III	54	23
τύχη ihre Rolle beim Tod der Söhne des Herodes	I	551	255
griechisch-jüdische Vorstellung beim Übergang des Josephus zu den Römern. Darstellung bei Schlatter	III	9	7
	III	354	84
als providentia dei	III	387	92
bei Josephus	VI	413	Exk. XIX
Anrufung durch Titus	VI	57	16
Distanz des Josephus zur τ.	VI	63	17
τύχη und Tempelbrand	VI	252	110
τύχη und εἱμαρμένη	VI	267	117
bei Machärus	VII	202	103
	VII	254	139
φήμη Herkunft der Personifikation	I	371	167
φιλανθρωπία s. Titus			
	VI	324	157
	VI	333	164
φιλοσοφία als Bezeichnung einer Religionspartei	II	119	35
φόβος s. δέος			
φύλη Verhältnis zu gens und tribus	VII	73	40
φωνή bei Zeichen, bat qōl	VI	299	142
Unglückspropheten	VI	300 ff.	144
φῶς Lichterscheinungen	VI	290	137

III. ORTE

	Buch	§	Anm.
Abila, Lage, Identifizierung	II	252	143
	IV	438	
Achaia	I	531	
Achaia, Senatsprovinz	II		174
	II	558	
	III	8	
	III	64	
	IV	499	
Adasa, Akedasa: Lage	I	47	19
Adiabene			
Landschaft, Lage	I	6	5
Königshaus jüdisch	II	382	182
	VI		198
Adida			
Ort; Lage, Identifizierung	I		57
Garnison durch Vespasian	I	Exk. II	
Identifizierung	IV	486	149
Adora, Adoreos, Ort; Identi-			
fizierung	I	63	30
	I	166	
Ägypten	I	17	
	I	31	
	I	175	
	I	187 ff.	
	I	277	
	I	394ff	
	I	592	
	II	261	
	II	385 ff.	
	II	487ff.	
	IV	605 ff.	
	V	379ff.	
	VI	418	
	VII	19	
	VII	116	
	VII	369	
	VII	409ff.	
Akchabaron, Ort in Galiläa	II	573	
Akko s. Ptolemais			
Akrabatene			
Ort und Toparchie, Lage	II	235	130
Lage des Bezirks	II	568	242
	II	652	
andere Namensform	III	55	23
	III	48	
	IV	504	
Lage	IV	511	161
	IV	551	

Ak III. Orte

	Buch	§	Anm.
Akrabetha s. Akrabatene			
Aktium, Ort	I	364	
	I	386	
Albursgebirge	VII		128
Alexandreion, Festung; Lage	I	134	75
	I	161	
	I	163	
	I	167	
	I	171	
	I	308	
	I	528	
	I	551	
Alexandrien	I	278	
	I	589	
	II	309	
	II	386	
Juden in Alexandrien	II	487 ff.	210
	III	8	
	IV	605	
Hafen	IV	612 ff.	209
	IV	631	
	IV	656	
	V	44	
	V	287	
	VII	116	
	VII	409	
	VII		194
	VII	420	
	VII	423	
	VII	433	
Alpen	II	371	
Alurus, Ort; Lage, Identifizierung	IV	522	170
Amathus, Festung; Lage	I	86	43
	I	89	
	I	170	
Amathus, Ort bei Tiberias	IV	11	6
Anthedon			
Ort, Lage	I	87	45
	I	118	
	I	166	
	I	396	
neuer Name	I	416	194
	II	460	
Antonia s. Jerusalem			
Antiochien	I	185	
	I	328	
	I	425	
	I	512	
	II	18	

III. Orte Ar

	Buch	§	Anm.
Antiochien (Forts.)	II	79	
	II	244	
	II	479	
	II	481	
	III	29	
	IV	630	
jüdisch-hellenistische Bevölkerung	VII	41– 62	24
jüdische Bevölkerung	VII		27f.
Forum, Archiv	VII		32
Pogrome	VII	100–111	54
Entscheidung des Titus in der Judenfrage	VII		57
Antiochus-Schlucht	I	105	
Antipatris			
Ort, alter Name	I	99	56
Name, Lage	I	417	196
Lage	II	513	219
	II	515	
	II	554	
	IV	443	
Anuath Borkaios, Ort; Identifizierung	III	51	20
Apamea			
Ort, Lage	I	216	110
	I	218f.	
	I	362	
	II	479	
Geschichte	VII		55
Aphek, Festung; Name, Lage, Geschichte	II	513	220
Aphtia, Ort; Identifizierung	IV	155	39
Apollonia, Ort; Lage	I	166	89
Arbela, Ort; Lage	I	305	143
Arabien	I	159	
	I	161	
	I	267	
	I	274–278	
	I	583	
Arabien: Arabia Felix	II	385	181
	III	47	
	IV	454	
	V	160	
Arethusa, Ort; Lage	I	156	85
Argos, Landschaft	I	414	
Arkea, Ort; Lage, Identifizierung	VII	97	51
Armenien			
Großarmenien	I	116	
	I	127	
	II	222	

Ar III. Orte

	Buch	§	Anm.
Armenien			
Großarmenien (Forts.)	VII	18	
	VII	248	
Kleinarmenien	II	252	
Arpha, Ort; Lage	III	57	25
Arus, Ort; Lage	II	69	18
Asamon, Gebirge; Lage	II	511	218
Asia			
Senatsprovinz	II	366	
im weiteren Sinn	I	3	
	I	242	
	II	358	
	V	387	
Askalon			
Ort	I	185	
	I	187	
	I	422	
	II	98	
	II	460	
	II	477	
Geschichte	III	9– 24	8
	IV	663	
Asochis, Ort; Lage	I	86	41
Asophon, Ort am Jordan	I		41
Asphaltsee s. Totes Meer			
Assyrerlager s. Jerusalem			
Atlantischer Ozean	II	382	
Athen	I	309	
	I	425	
	II	358	
Augustushafen s. Caesarea			
Auranitis, Landschaft; Lage	I	398	180
	II	95	
	II	215	
	II	421	
Azotus			
Ort = Asdod	I	156	85
Bevölkerung	IV	130	26
Babylon	I	70	
	II	86	
	V	212	
	V	389	
	V	391	
	VI	104	
	VI	250	
	VI	268	
	VI	437	
	VII	134	

III. Orte Be

	Buch	§	Anm.
Bäder	I	340	
	I	422	
	I	657	
	II	614	
	IV	11	
	V	168	
	V	241	
	VII	189	
	VII	290	
Baka, Ort	III	39	
Balanea, Ort; Lage	I	428	205
Batanea			
Landschaft	I	398	180
Gebiet des Philippus (2.)	II	95	24
	II	247	
	II	421	
	II	482	
	III	56	
Bedriacum, Ort	IV	547	
Belaios, Fluß; Identifizierung	II	189	110
Belzedek, Ort	III	25	
Bemeselis, Ort; Identifizierung	I	96	52
Berge von Judäa	I	37	
	I	41	
	I	95	
	IV	448	
	IV	451	
	IV	490	
	IV	509	
	IV	554	
Bersabe, Festung; Identifizierung	III	39	15
	II	573	
Berytos	I	422	
Berytos: Geschichte	I	538	248
	I	540	
	II	67	
	II	504	
	IV	620	
	VII	39	
	VII	96	
Besimo, Ort; Identifizierung	IV	438	116
Betabris, Ort; Lage, Identifizierung Geschichte	IV	447	124
Betharamtha, Ort; Identifizierung, Lage	II	59	16
Lage	II	168	94
	II	252	
	IV	438	
Bethel, Ort; Lage, Identifizierung, Geschichte	IV	551	182

Be   III. Orte

	Buch	§	Anm.
Bethennabris, Ort; Lage, Identifizierung, Geschichte	IV	420	114
Bethezuba, Ort; Identifizierung	VI	201	83
Bethhoron, Ort; Lage, Geschichte, Bedeutung	II	228	126
	II	546ff.	233
	II	516	
	II	521	
Bethleptepha, Toparchie; Identifizierungsvorschläge	IV	445	122
Bethso s. Jerusalem			
Bethzur, Festung; Lage, Geschichte	I	41	18
Bethzacharia, Ort	I	41	
Bezetha s. Jerusalem			
Bithynien, Landschaft	I	242	
	II	368	
	IV	81	
Bosporus, Lage	II	366	176
Britannien			
Größe	II	363	
	II	278	177
	III	4	
	VI	331	
	VII	82	
Brixellum, Ort	IV	548	
Brundisium, Ort	I	281	
Byblos, Ort	I	452	
Caesarea	I	80	
Ausbau	I	408–414	188
politische Bedeutung, Bevölkerung	I		191
Einweihung	I		193
	I	543	
	I	551	
	I	613	
	II	16f.	
Residenz der Prokuratoren	II	171	97
	II	219	
	II	241	
Auseinandersetzung mit den hellenistischen Bewohnern	II	266–270	149
	II	284–292	
	II	318	
	II	332	
	II	407	
Niedermetzelung der Juden	II	457ff.	203
	II	509	

III. Orte   Ci

	Buch	§	Anm.
Caesarea (Forts.)			
Zugehörigkeit zu Judäa	III	409	98
	III	413	
	III	443	
	III	446	
	IV	130	
	IV	443	
	IV	501	
	IV	663	
	V	1	
	V	40	
	VII	20	
	VII	36 f.	
unter ius Italicum	VII		109
hellenistische Bevölkerung	VII		179
Drusium, Turm im Hafen	I	412	
Augustushafen	I	613	
Synagoge	II	285	
	II	289	
Caesarea Philippi,			
Ort	I	404–406	
= Innano?	II		24
Lage, Geschichte	III	443	106
	VII	23	
als Paneas	II	168	
Caesareum s. Jerusalem,			
Palast des Herodes			
Chaallis, Ort	III	20	
Chabulon, Ort; Lage, Identi-			
fizierung	III	38	14
	II	503 f.	
Chalkidike, Identifizierung	VII	226	114
Chalkis			
Landschaft am Libanon	I	185	
	I	248	
Lage	II	217	118
	II	221	
	II	223	
	II	247	
	VII		114
Cilicien			
Landschaft	I	88	
	I	157	
	I	428	
	I	456	
	I	610	
	I	613	
	II	368	
Flucht des Antiochos von			
Kommagene	VII		115

95

III. Orte

	Buch	§	Anm.
Cilicien (Forts.)			
Besitz des Antiochus von Kommagene	VII	234	119
	VII	238	
Coelesyrien, Landschaft; Lage, Name	I	31	10
	I	103	
	I	155	
	I	213	
	I	366	
Cremona, Ort	IV	642	219
Dabaritta, Ort; Lage, Identifizierung	II	595	253
Dagon, Festung	I	56	24
Dalmatien, Landschaft	II	369 ff.	
Damaskus			
Ziel jüdischer Flüchtlinge	I		54
	I	103	
	I	115	
Angriff Alexandras	I		64
Einnahme durch Pompeius	I	127	70
	I	131	
	I	212	
	I	236	
	I	399	
	I	422	
Bevölkerung hellenistisch-jüdisch	II	559 ff.	237
Bevölkerung	VII		364
	VII	368	
Daphne			
bei Antiochien	I	243	122
	I	328	
jüdisches Viertel in Antiochien?	VII		26
Daphne an den Jordanquellen	IV	3	
Dekapolis, Städtebund	III	446	
Delta			
Nilmündung	I	191	
Stadtteil von Alexandrien	II	494	
Dikaiarchia, Ort; Identifizierung	II	104	28
Dion			
Ort; Identifizierung, Lage	I	132	73
= Diospolis	I	366	163
Dok s. Dagon			
Donau	II	363	
	II	369	
	III	107	
verschiedene Namen	VII	90	48
	VII	94	

III. Orte Eu

	Buch	§	Anm.
Dora, Ort; Lage, Geschichte	I	50	23
	I	156	
	I	409	
Dornental, Lage	V	51	18
Drusium s. Caesarea			
Ebene, große			
	II	188	
	II	595	
	III	39	
	III	48	
	III	59	
Sprachgebrauch	IV	54	12
für das Jordantal	IV	455	130
Eisenberg, Ansetzung	IV	454	129
Ekdippon, Ort; Identifizierung	I	257	128
Elis, Ort	I	426	
Elephantine, Grenzfestung	IV		207
	IV	611	
Eleusa, Insel	I	456	224
Eleutherus, Fluß; Lage	I	361	160
Emesa, Ort und Landschaft	VII	226	114
Emmaus			
Ort; Lage	I	222	112
Identifizierung, Entfernung			
von Jerusalem	II	63	17
	II	71	
unter dem Kommando von			
Johannes dem Essener	II		79
	II	567	
	III	55	
	IV	444	
	IV	449	
	V	42	
	V	532	
Militärkolonie Moza	VII	217	109
	VI	229	101
Engedi			
Ort	III	55	23
Lage, Geschichte	IV	402	108f.
	VII		Exk. XXIII
	VII		Exk. XXIV
Ephraim, Ort; Lage, Identifizierung, Geschichte	IV	551	182
Esebon, Ort; Lage, Identifizierung	II	458	204
Euphrat	I	5f.	
	I	179ff.	
	I	321	

Eu   III. Orte

	Buch	§	Anm.
Euphrat (Forts.)	II	363	
	III	307	
	V	44	
	V	252	
	VII	17f.	
	VII	105	
Europa	IV	598	
Exaloth, Ort	III	39	
Flüsse in Palästina	VII	145	74
Gaba, Ort; Lage	II	459	205
	III	36	
Gabao, Ort; Lage, Identifizierung	II	516	223
	II	544	
Gabara, Ort; Lage, Identifizierung	III	132	45
Gadara s. Gazara			
1. Ort der Dekapolis; Lage, Geschichte	I	86	42
	I	155	
	I	396	
	II	97	
	II	478	
	III	37	
	III	542	
2. = Gadora in Peräa	I	170	
Identifizierung, Lage, Geschichte	IV	413	113
Gadira, Ort in Spanien	II	363	
Galiläa	I	76	
	I	203ff.	
	I	210	
	I	238	
	I	256	
	I	290	
Herodes in Galiläa	I	303–316	
	I	326	
	II	43	
	II	68	
	II	95	
	II	118	
	II	193	
Galiläa und Samaritaner	II	232ff.	
	II	247	
	II	252	
Cestius in Galiläa	II	503–513	

III. Orte Ge

	Buch	§	Anm.
Galiläa (Forts.)			
Josephus in Galiläa	II	568–647	
Beschreibung	III	35– 43	16
Eroberung durch die Römer	III	59–IV 120	
Anmarschweg Vespasian	III		45
	IV	127	
	VI	339	
Gallien	II	111	
Gamala			
Festung	I	105	
	I	166	
	II	568	
	II	574	
	II	629	
	III	56	
Beschreibung und Eroberung	IV	2– 83	2
	IV		19
Garis, Ort; Lage, Identifizierung	III	129	44
	V	474	
Gaulana, Gaulanitis			
Landschaft; Lage	I	90	49
Hauptort, Geschichte	I	105	59
Grenze zur Batanea	I		180
Gebiet des Philippus (2.)	II		24
	II	168	
	II	574	
	III	37	
	III	56	
	III	572	
	IV	2	
Gaza; Lage	I	87	45
	I	146	
	I	396	
	II	97	
	II	460	
	IV	663	
Gazara, Ort; Identifizierung	I	50	
	I		90
	IV	487	
Gema s. Ginäa			
Gennesar	I	326	
	II	619	
	II	635 ff.	
Ort; See, Name	III		112
Ebene Gennesar; Lage	III	516–520	125
	III	464	
See	III	521–531	119
Gerasa			
Ort; Identifizierung, Lage	I	104	58

Ge III. Orte

	Buch	§	Anm.
Gerasa			
Ort; Identifizierung, Lage (Forts.)	II	258	204
	II	480	
Schwierigkeit der Identifizierung	II	487	150
	III	47	
	IV	503	
Germanien	IV	546	
	VII	77 ff.	
	VII	89	
Gibea, Ort; Identifizierung	V	51	18
Ginäa, Ort; Identifizierung, Lage	II	232	128
	III	48	19
Giskala			
Ort	II	575	
	II	585 ff.	
	II	621	
	II	629	
	II	645	
Geschichte, Reste	IV	84 ff.	20
	IV	123	
Gitta, Festung; Identifizierungsversuch	I	326	146
Gophna			
Ort und Toparchie; Lage	I	222	112
Lage des Bezirks	II	568	242
	III	55	
Identifizierung	IV	551	181
	V	50	
Aufenthaltsort für jüdische Flüchtlinge	VI	115	37
	VI	118	
Gräber			
s. Hebron			
s. Jerusalem			
Griechenland	I	426	
	I	531	
Hebron			
Lage, Geschichte, Bedeutung	IV	529 ff.	170 f.
Patriarchengräber	IV	532	172
Heliopolis, Ort in Ägypten	I	33	
	VII	426	Exk. XXV
Hellespont	III	8	
Herakleopolis	IV	660	227
Herodeion			
Erstes Herodeion; Identifizierungsvorschlag	I	419	199
Zweites Herodeion	I	265	
	I	419 ff.	200

III. Orte   Is

	Buch	§	Anm.
Herodeion (Forts.)			
Entfernung von Jerusalem	I	673	291
	III	35	
	IV	518f.	
	IV	555	
	VII	163	
Herodesstraße, Jerusalem –			
Herodeion – Masada	VII		133
Hippos, Ort; Identifizierung,			
Lage	I	396	178
	II	97	
	II	459	
	II	478	
	III	37	
	III	542	
Hister s. Donau			
Hyrkanien, Land; Lage,			
Geschichte	VII	245	127
Hyrkanion			
Festung; Identifizierung,			
Geschichte	I	161	88
	I	167	
	I	664	
Hyrkania	I	364	
Idumäa, Landschaft	I	263	
	I	266	
	I	268	
	I	302	
	I	326	
	II	55	
	II	76	
	II	96	
	II	566	
	II	653f.	
	III	55	23
	IV	446f.	
	IV	515ff.	
	IV	529ff.	
	IV	552	
Innano, Ort; Identifizierungs-			
versuche	II	95	24
Indien	II	385	
	VII	351ff.	
Isana, Ort; Lage, Identi-			
fizierung	I	334ff.	149
Isthmus von Korinth:			
Baubeginn des Kanals	III	540	130
Istros s. Donau			

It   III. Orte

	Buch	§	Anm.
Itabyron s. Tabor			
Ithuräa, Landschaft; Gebiet des Herodes Philippus?	II		24
Jamnia			
Ort	I	50	
	I	156	
	I	166	
	II	98	
	II	167	
	II	335	
Lage	III	56	
	IV	130	
Zentrum der Lehre nach 70	IV	444	120
	IV	663	
Jamnith, Ort in Galiläa	I	573	
Japha, Ort; Identifizierung, Lage	III	289–306	70
	II	573	
Japygia, Vorgebirge; Lage	VII	22	17
Jardes, Jarden, Jordan: Ort;			
Identifizierungsversuche, Lage	III	51	21
	VII	210	105
Jericho s. Quellen			
	I	56	
	I	120	
	I	138f.	
	I	170	
	I	299ff.	
	I	323	
	I	331ff.	
	I	361	
Herodianische Bauten	I	407	Exk. II
	I	437	
Herodes in Jericho (?)	I		286
Hippodrom	I	659	289
	II	3	
Palast verbrannt	II	57	15
	III	55	
	III	431	
Beschreibung	IV	451–470	133
Angaben zur Oase	IV		136f.
	IV	486	
	V	42	
	V	69	
Jerusalem			
Akra; Aufstand unter			
Antiochus IV.	I		12
Lage	I	39	Exk. I
	I	50	

III. Orte Je

	Buch	§	Anm.
Jerusalem			
Akra (Forts.)			
dort später der Hasmonäer-			
palast	I		79
Festung in der Oberstadt –			
südliche Unterstadt	V	137	36
	V	253	
Festung-Unterstadt	VI	354	196f.
Antonia; alter Name	I	75	37
	I	118	
	I	121	
alter Name	I		151
	I	401	
	II	328	
	II	330	
	II	404	
	II	430	
	V	183	
	V	238–247	Exk. X
	V	260	
	V	304	
	V	356	
vergeblicher Angriff	V	358	
	V	467ff.	
	V	486	
	V	523	
	VI	15	
	VI	24ff.	
Eroberung	VI	68ff.	
	VI	93	
	VI	133	
	VI	135	
	VI	145	
	VI	249	
	VI	254	
Archelaos unterstellt	II	97	
Archiv			
Lage	II	427	194
Näheres	VI	354	196
Assyrerlager, Stadtteil	V	303	126
	V	504	
	VII	6	3
Baris s. Antonia			
Baugeschichte	I	401f.	
Bedeutung	IV		67
	V		25
Befestigung			
durch Antipater	I	201	103
durch die Aufständischen	II	563	
	II	648	

Je   III. Orte

	Buch	§	Anm.
Jerusalem (Forts.)			
Belagerungen			
Antiochus VII.	I	61	
Herodes	I	295 ff.	
Cestius	II	528	
Simon bar Giora	IV	540	
Beschreibung	V	136–183	Exk. VIII
Besetzung von den Juden			
gegen die Römer	II	42– 54	
Bethso	V	145	41
Bevölkerungszahl	VI	336	Exk. XVIII
	IV	422	
	V	568	220
Bezetha	II	328	
	II	530	
zum Namen	V	149 ff.	44
	V	246	
Cestius in Jerusalem	II	280	
Einnahme			
durch die Idumäer	IV	235–326	
schwierig	IV	376	99
durch Simon bar Giora	IV	537–577	
Entwicklung seit David	V	133	36
Erbsenhausen, Lage	V	506	201
Eroberung·			
durch Antiochus IV.	I	32	12
durch Judas Makkabäus	I	39	
durch Antiochus V.	I	46	
durch Pompeius	I	141–154	
durch Parther	I	250	
durch Herodes	I	343–353	154
durch Titus:			
Einschließung	V	40–135	
Neustadt	V	258–302	
Vorstadt	V	303–347	
Angriff auf Oberstadt			
und Antonia	V	356–490	
Umwallung	V	491–572	
Antonia	VI	1– 93	
Kampf um Tempel	VI	130–227	
Einnahme des Tempels	VI	228–316	
Unterstadt	VI	354–373	
Oberstadt	VI	374–434	
Gänge, unterirdische			
Wasserleitung des Pilatus	II		101
Siloakanal	II		171
	IV	9	
	V	330	133
	V	469	
	VI	28	

III. Orte

	Buch	§	Anm.
Jerusalem			
Gänge, unterirdische (Forts.)			
unter Tempel und Antonia	VI	71	19
	VI		211
	VI	402	
	VI	433	
	VII	26ff.	
Geschichte und Name	VI	435 ff.	256
Grab, Grabmal			
des Alexander Jannäus	V	304	109
des Hohenpriesters Ananos	V	506	201
Davids	I	61	26
der Helena von Adiabene	V	55	
	V	108	
	V	147	43
des Herodes	V	108	31
	V	507	
des Johannes Hyrkanos	V	259	109
	V	304	
	V	356	
	V	468	
	VI	169	
Königsgräber	I	184	
Walkergrabmal	V	147	43
Hippodrom	II	44	8
Hügel			
3. Hügel s. Ophel	V		37
4. Hügel	V		44
Lage	V		Exk. VIII
Markt	I	251	
Kleidermarkt	V	331	
Oberer Markt = Oberstadt	II	305	160
	II	315	
	II	339	
	V	137	36
Holzmarkt	II	530	
Mauer, 3. Mauer	II	218	119f.
	II	563	239
Verlauf	V	55	19
1., 2., 3. Mauer	V	136	Exk. VIII
1. Mauer	V	142-154	40 f.
2. Mauer	V	147	42
3. Mauer	V	158	47
Beendigung des Mauerbaus	V		45
Bezeichnung der Stadtmauer	V	252	107
Bezeichnung der Nordmauer	V	259	
Eroberung der 1. Mauer	V	302	125
Eroberung der 2. Mauer	V	346	138
Festigkeit	VI	13	4
Ersatzmauer	VI	31	10

Je   III. Orte

	Buch	§	Anm.
Jerusalem			
Mauer, 3. Mauer (Forts.)			
Erhöhung der Ringmauer	VI	343	175
Westmauer	VII		Exk. XIX
Aufrichtung durch Alexander	I	160	
Befestigung durch Antipater	I	201	103
Neustadt	II	530	
	V	151	
	V	246	
Neustadt: Eroberung	V	258–302	
	V	331	134
	V	504	
Oberer Markt s. Markt			
Oberstadt	II	530	
	V	137	
	V	140	
	V	176	
	V	260	
	V	415	
Oberstadt: Eroberung	VI	374–434	
Ölberg	II	262	
	V	70– 97	
	VI	157	
Ophel			
Lage	II	448	200
Name, Lage	V	145	41
	V	254	
	VI	354	
Paläste			
1. des Agrippa und Berenike	I	402	
	II	426	193
2. Hasmonäerpalast	I	122	
	I	143	79
	II	250	125
	II	344	
3. der Helena von Adiabene	VI	355	197
	VI		200
4. des Herodes	I	402	184
	I	493	
	II	44	
	II	51	
	II	301	
	II	312	
	II	428	
	II	431	
	II	441	
	II	530	
	V	176 ff.	Exk. IX
Eroberung	VI		200
	VI	376	

III. Orte

	Buch	§	Anm.
Jerusalem			
Paläste			
4. des Herodes (Forts.)			
Türme	VI		234
Akra genannt	VI		228
Plünderung durch Florus	II	296	
Rathaus	V	144	
	VI	354	
Säuberung durch Varus	II	72 ff.	
Schmiedewerkstätten	V	331	
Siloah; Teich und Wasserleitung	II	340	171
	V	140	
	V	145	
Teich	V	10	107
	V	252	
	V	410	
Quelle	V		200
	VI	363*	
	VI	401	
Skopus			
Lage	II	528	228
	II	542	
Geschichte	V	67	21
Situation im 4. Kriegsjahr	V		Exk. IX
Station der zehnten Legion	VII		2
Täler	V		39
Kidron	V	70	
	V	147	
	V	252	
	V	504	
	VI	192	
Quellschlucht	V	506	
Tyropoion	V	140	
Teiche			
Amygdalosteich	V	468	191
im Herodespalast	V	181	
oberer Teich = Mamillateich	V		126
Salomoteich	V	145	41
Schlangenteich	V	108	31
Struthionteich	V		Exk. X
	V	467	190
s. Siloah			
Tore			
Essenertor	V	145	41
bei den Frauentürmen	II	327	
	V	55	
	V	116	
Gennathor	V	146	42
obere Tore	V	336	
verdecktes Tor	V	284	119

Je   III. Orte

	Buch	§	Anm.
Jerusalem (Forts.)			
Türme			
Hippikusturm	II	439	198
	V	134	
	V	144	
	V	147	
	V	161	
	V	163–165	
	V	284	
	V	304	
	VII	1	
des Herodespalastes	II	439	198
	V		Exk. IX
	VI		233
Johannesturm	IV	580	
	VI	191	73
	VI		215
Phasaelturm	I	418	
	II	46	
	II	439	
	V	166 ff.	
	V		Exk. IX
	VII	1	
Psephinusturm	IV	238	
	V	55	19
	V	133	
	V	147	
	V	159 f.	49
	VII		3
Simonsturm	VI	377	215
der Stadtmauer	V		Exk. VIII
	V	156 ff.	
	VI		230
Strathonsturm	I	77	
	I	79 f.	
	I	156	
	I	369	
	I	408	
Bedeutung der Türme	VI	409	242
Umfang der Stadt	V	159	48
Umgebung	V		181
	V		200
	V		205
Verödung	VII	112 ff.	
	VII	375 ff.	
Verunreinigung	IV	562	188
Vorstadt, Eroberung	V	303–347	
Xystos			
Vorgänger	I		79
	II	344	172

III. Orte Jo

	Buch	§	Anm.
Jerusalem			
Xystos			
Vorgänger (Forts.)	IV	591	
Brücke	V	144	40
	VI	191	74
	VI		124
	VI	325	158
	VI	377	215
Zerstörung	VII	1 ff.	
Jonien	I	425	
Vespasian in Jonien	VII	22	17
Joppe			
Hafenstadt	I	50	
	I	99	
	I	156	
	I	293	
	I	396	
	I	409	
	I		191
	II	97	
	II	507	
	III	51	
	III	56	
Heimat der Andromedasage, Bevölkerung	III	414–431	101 f.
Jordan			
Fluß	I	86	
	I	307	
	I	404 ff.	
	I	657	
	II	59	
	III	37	
	III	51	
	III	57	
Quellen	III	509 ff.	120
	IV	3	
Tal bei Jericho	IV		115
Größenangaben bei Josephus	IV		131
	VII	145	
Jotapata	II	573	
	III	111–339	
Lage, strategische Bedeutung	III	141	46
Zugang	III	146	50
Stadtgelände	III	158	52
Umgebung	III	191	58
Breschen	III	258	65
Einnahme	III	339	77

Jo   III. Orte

	Buch	§	Anm.
Jotapata (Forts.)			
Höhlen in der Umgebung	III	341	78
	III	405	
	III	432	
	IV	10	
	IV	624	
Judäa	I	32	
	I	37	
	I	51	
	I	61	
	I	127	
	I	160	
	I	174	
	I	180	
	I	183	
	I	199	
	I	201	
	I	210	
	I	231	
	I	240	
	I	249	
	I	288	
	I	323	
	I	327	
	I	364f.	
	I	371	
	I	499	
	I	513	
	I	606	
	II	16	
	II	65	
	II	116	
	II	169	
	II	186	
	II	219	
	II	247	
	III	1	
	III	48– 58	
	IV	545	
	VII	163	
Judäa, kaiserliche Privatprovinz	VII	216	108
	VII	252	
Judenlager, Gegend in Ägypten	I	191	
Julias s. Betharamtha			
Julias, Ort bei Bethsaida	II	168	94
	III	57	
	III	315	

III. Orte   **Ky**

	Buch	§	Anm.
Kadasa			
Ort; Identifizierung	II	459	205
als Kydyssa; Identifizierung	IV	104	23
Käsemachertal s. Jerusalem, Typropoion			
Kallirhoe, Quellen	I	657	288
	VII		99
Kana s. Isana			
Ort	I	102	
= Kanatha im Ostjordanland?	I	366	164
Kanatha, Ort; Identifizierungsvers.	I	366	164
Kapharabin, Ort, Name; Identifizierung	IV	552	184
Kapharekcho s. Ptolemais			
Kapharnaum, Ort; Identifizierung, Umgebung	III	519f.	126
Kaphartoba, Ort; Name, Identifizierung, Lage	IV	447	124
Kaphethra, Ort	IV	552	
Kappadocien	II	368	
	IV	632	
	VII	18	
Karmel, Berg	I	250	
	II	188	
	III	35	
Karthago	II	380	
	IV	332	
Kasius, Berg	IV	661	228
Kaspische Tore	VII	245	128
Kelenderis, Ort; Lage	I	610	273
Kidrontal s. Jerusalem			
Kinnereth s. Gennesar			
Kommagene, Landschaft	I	321	145
	V	461	186
	VII		125
Koptos, Ort; Lage, Bedeutung	IV	608	207
Kerkyra, Insel	VII	22	
Koreai, Ort	I	134	74
	IV	449	
Kos, Insel	I	423	201
	I	533	
Kydyssa s. Kadasa			
Kypros			
Festung; Name, Lage	I	407	187
Einnahme durch die Zeloten	I	Exk. II	
	I	417	
	II	482	
Kyrene	II	381	
	VI	114	
	VII	437 ff.	

La III. Orte

	Buch	§	Anm.
Lakedämon			
Stadt; Beziehungen zu den Juden	I	513	241
	I	515	
	II	359	
	II	381	
Exilsrecht	VII	240	122
Laodicea, Ort; Lage	I	231	116
	I	422	
Leuke s. Masada			
Libyen, römische Provinz	II	115	
	II	494	
	VII	439	210
Livias s. Betharamtha			
Lydda			
Ort	I	302	
	II	242	
	II	244	
Lage	II	515f.	221
	III	15	
Bevölkerung	IV	444	120
Mabartha, Ort	IV	449	
Machärus			
Festung; Lage	I	161	88
	I	167	
	I	171ff.	
	II	485	
	III	46	
	IV	439	
	IV	555	
Eroberung	VII	164–209	91–93
Mäotische See	II	366	
	VII	244	
Magdala s. Tarichäa			
Makedonien, Senatsprovinz	II		174
Mamre, Terebinthe; Geschichte	IV	533	173
Mareotis See	III	520	128
Maresa, Marisa			
Ort; Lage	I	63	30
	I	156	
Geschichte	I	269	132
Masada			
Festung; Lage, Geschichte	I	237	119
	I	264ff.	
	I	281	
	I	286f.	
	I	293f.	
	I	303	

112

III. Orte Na

	Buch	§	Anm.
Masada			
Festung; Lage, Geschichte (Forts.)	II	408	
durch Menachem mit Waffen versorgt	II	433	197
	II	447	
	II	653	
Geschichte, Besiedlung	IV	399ff.	106
Bauten	IV	504ff.	
	IV	516	
	VII		91
	VII	253	134
Eroberung	VII	275–409	
Quellenanalyse	VII		Exk. XXII
römische Belagerungsanlagen	VII		Exk. XXIII
Turm als Belagerungswerkzeug	VII	309	159
Beschreibung, Zugänge	VII	284	149
Leuke, weißer Fels	VII	305	158
Mauer, Befestigung, Palast	VII	289	151f.
Wasserversorgung	VII	291	154
Luftbeschaffenheit, Lebensmittellager	VII	297	156
Schlangenweg	VII	284	149
Medaba, Madeba, Ort; Lage	I	63	27
Melitene, Ort und Landschaft	VII	18	
Melos, Insel; Lage	V	103ff.	27
Memnondenkmal in Ägypten	II	189	111
Memphis, Ort; Lage, Identifizierung	IV	530	170
	I	190	
	VII	426	
Mendesischer Bezirk, Lage	IV	659	226
Meroth, Ort; Lage	III	40	15
	II	573	
Mesopotamien	IV	531	
Moab	I	89	47
Modein, Ort	I	36	
Mösien, Landschaft	IV	619	
	IV	633	
	IV	643	
	VII	90ff.	
	VII	117	
Mysien, Landschaft	I	425	
Nain, Ort; Name, Lage	IV	511	161
	IV	517	
Narbata, Ort und Bezirk; Lage	II	291	157
	II	509	

Ne III. Orte

	Buch	§	Anm.
Neapolis s. Mabartha			
Ort; Identifizierung, Lage	IV	449	125
als Sikima, Identifizierung	I	63	28
	I	92	
Nikopolis in Ägypten, Ort;			
Lage, Bedeutung	IV	659	226
Nikopolis in Epirus	I	425	
Nil	I	191	
	III	520	
Nil: Bezeichnung bei Josephus	IV	608	207
	IV	611	
	IV	659	
	V	383	
Ölberg s. Jerusalem			
Olympia	I	414	
Ormiza, Ort	I	368	
Ostrakine, Ort; Lage	IV	661	228
Palästina, Sprachgebrauch bei			
Josephus	V	389	151
Paltin, Gebäude auf —	II	81	21
Pamphylien, Landschaft	I	280	
	II	368	
Paneas s. Caesarea Philippi			
Pannonien, Provinz	IV	619	
	VII	117	
Papyron, Ort	I	130	
Pella, Ort; Identifizierung, Lage	I	104	58
	I	134	
	I	156	
	II	458	
	III	47	
Pelle			
Toparchie; Identifizierungs-			
versuch	III	55	23
= Bethlephtepha?	IV		122
Pelusium, Ort; Lage, strategische			
Bedeutung	I	175	92
	I	190	
	I	278	
	I	362	
	I	395	
	IV	610	
	IV	660	
Pentapolis			
am Südende des Toten Meeres	IV		147
in Libyen	VII	439	210

III. Orte   Pt

	Buch		Anm.
Peräa			
Landschaft	I	483	
Tetrarchie des Pheroas	I		267
	I	590	
	II	43	
	II	57 ff.	
	II	95	
	II	168	
	II	252	
	II	566 f.	
	III	44	17
	IV	413–439	
Lage	VI	201	121
	VI	224*	
Pergamon in Mysien	I	425	
Petra, Lage	I	125	69
	I	159	
	I	267	
	IV	454	
Pharos, Insel mit Leuchtturm	IV	613	
	V	169	
Phasaelis			
1. Ort bei Jericho	I	418	198
	II	98	
	II	167	
2. Ort in Lykien	I		205
Pheretai, Schlucht; Name	IV	512	162
Phialasee; Identifizierung, Lage	III	509 ff.	120
Philadelphia			
Ort; Lage	I	60	25
Tyrann von Ph.	I		**44**
	I	129	
hellenisiert	I	380	172
	I	458	
	II		204
	III	47	
Phrygien, Landschaft	IV	632	
Piräus	I	410	
Platää, Ort	II	359	
Platane, Ort; Identifizierung	I	539	250
Plithine, Ort	IV	610	
Ptolemais			
Lage und Geschichte	I	49	22
	I		40
	I	116	66
	I	249	
	I	290	
	I	394	
	I	422	
	II	187 ff.	

Pt   III. Orte

	Buch	§	Anm.
Ptolemais			
Lage und Geschichte (Forts.)	II	459	
	II	501 ff.	
= Kapharekcho	II	573	245
	III	29	
	III	35	
	III	38	
	III	64	
	III	110	
	III	115	
Puteoli s. Dikaiarchia			
Pyrenäen	II	371	
Quellschlucht s. Jerusalem			
Qumran			
Besiedlung	I		166
Siedlung	II		37
Lage, Name, Bedeutung	II		40
Ende der Siedlung	II		79
Ragama, Festung	I		16
Raphanää			
Standort der zwölften Legion	VII	18	13
Identifizierung	VII	97	52
Raphia, Ort; Lage, Identifizierung	I	87	45
	I	166	
	IV	662	
Rhein	II	371	
	II	377	
	III	105	
Rhesa, Ort; in Idumäa	I	266	131
	I	294	
Rhinokurura, Ort; Lage, Name	I	277	136
	IV	662	
Rhodos	I	280	
	I	387	
	I	424	
	VII	21	
Rom	I	157	
	I	281	
	I	432	
	I	435	
	I	445	
	I	452	
	I	481	
	I	536	
	I	573 f.	

III. Orte   Sa

	Buch	§	Anm.
Rom (Forts.)	I	602	
	I	604	
	I	641	
	II	18 ff.	
	II	205 ff.	
	II	352	
	IV	493	
	IV	500	
	IV	549	
	IV	585	
	IV	592	
	IV	606	
	IV	647 ff.	
	IV	656	
	VII	63 ff.	
	VII	119 ff.	
Bedeutung	VII		88
	VII	240 ff.	
Juden in Rom	II	80	
	II	103	
	VII	447	
Ruma, Ort; Lage, Identifizierung	III	233	63
Saba, Ort	III	229	
Sabbatfluß, Sambation, Sanbation	VII	98 f.	53
Säulen des Herkules	II	375	
	II	382	
Sallis s. Chaallis			
Salamis, Insel	II	358	
Samaga, Ort; Identifizierung	I	63	27
Samaria			
Stadt	I	64 f.	
	I	156	
	I	166	
	I	299	
	I	229	
	I	303	
	I	314	
	I	396	
Geschichte, Münzen	I	403	185
	II	69	
als Sebaste	I	118	
	I	403	
	II	97	
	II	288	
	II	292	
	II	460	

117

Sa   III. Orte

	Buch	§	Anm.
Samaria (Forts.)			
Landschaft	II	96	
	II	247	
	III	48 ff.	
Einnahme durch Vespasian	III	307	74
Samos, Insel	I	425	
Samosata, Belagerung durch			
Antonius	I	321 f.	145
	VII		125
	VII	224 ff.	
Sampho, Ort; Identifizierung,			
Lage	I	70	19
Schlangenweg s. Masada			
Schlangenteich s. Jerusalem,			
Teiche			
Schmiedewerkstätten s. Jerusalem			
Sebaste s. Samaria			
Sebonitis, Landschaft	III	47*	
Seleucia			
Ort; Identifizierung	I	105	60
	II	574	
Lage	IV	2	3
Semechonitis-See, Identifizierung,			
Lage	III	515	123
	IV	3	4
Sennabris, Ort; Lage, Identi-			
fizierung	III	447	108
Sepph, Festung	II	573	
Sepphoris			
Identifizierung	I	170	90
	I	304	
	II	56	
	II	68	
	II	511	
Reste	II	574	246
	II	629	
	II	645	
	III	30 ff.	
	III	59	
	III	61	
Sidon	I	249	
	I	361	
	I	422	
	I	539	
	II	479	
Sikima s. Neapolis			
Siloa s. Jerusalem			
Skopus s. Jerusalem			
Skythopolis			
Identifizierung	I	65 f.	32

III. Orte **Th**

	Buch	§	Anm.
Skythopolis			
Identifizierung (Forts.)	I	134	
	I	156	
Bevölkerung	II	266ff.	207
	II	458	
	III	37	
Bedeutung, Größe	III	412	100
	III	446	
	III	453	
	IV	87	
Bevölkerung	VII		179
Sodom; Lage, Geschichte	IV	483ff.	147
	V	566	
Sogane, Ort	II	574	
	IV	2	3
	IV	4	
Somorra = Gomorra	IV	454	128
Sparta s. Lakedämon			
Syene Identifizierung	IV	608	207
Tabor			
Berg	I	177	
	II	573	
Besiedlung	IV	1	1
Größe	IV	54– 61	55
Tanais, Fluß	VII	244	
Tanis, Ort; Identifizierung, Lage	IV	660	227
Tarent, Ort	I	609	
Tarichäa			
Name, Ortslage	I	180	95
= Magdala	II	252	143
	II	573	
Lage	II	596ff.	255
	III	445	
Identifizierungsvorschläge	III	462ff.	111
	IV	2	
Hippodrom	II	599	
Tarsus	VII	238	
Taubenschlagfelsen	V	505	200
Thamna, Ort; Identifizierung	II	567	241
	III	55	
	IV	444	120
Theben in Ägypten	VII	416	
Thekoa, Ort; Identifizierung,			
Lage	IV	518	166
Thella, Ort; Identifizierung	III	40	15
Thermopylen	II	359	
Thmuis, Ort; Identifizierung,			
Lage	IV	659	226

Ti   III. Orte

	Buch	§	Anm.
Tiberias			
	II	168	
	II	193	
	II	252	
	II	573	
	II	599	
	II	606	
Name, Lage der Bäder	II	614 ff.	259
	II	629	
	II	632 ff.	
	III	445–465	
Einnahme durch Vespasian	III		129
	III	537 ff.	
	IV	11	
Totes Meer	I	657	
Beschreibung des Tacitus	II	515	124
	IV	437 ff.	
	IV	456	
Näheres	IV	475–484	142–144
Ausdehnung	IV		146
	VII	168	
	VII	281	
Trachonitis			
Landschaft	I	398 ff.	180
	I	668	
Gebiet des Herodes Philippus	II	95	24
	II	215	
	II	247	
	II	421	
	III	510	
	III	512	
	III	542	
Tripolis	I	422	
Tyropoion			
s. Jerusalem, Täler			
Tyrische Leiter, Höhenzug	II	188	
Tyrus	I	147	
	I	231 ff.	
	I	245	
	I	249	
	I	275	
	I	422	
	II	478	
	II	588	
	III	35	
	III	38	
	IV	105	
Vienna, Ort; Lage	II	111	29

III. Orte **Zy**

	Buch	§	Anm.
Zephyrium, Ort; Lage	I	456	225
Zeugma, Ort; Lage, Geschichte	VII	105	55
Zoar, Ort; Lage, Geschichte	IV	482	146
Zubya, Ort; Identifizierung	VI		83
Zypern, Gebiet des Ptolemaios Lathyros	I		40
	II		108

IV. STELLEN

a) Altes Testament

	Buch	Anm.		Buch	Anm.
Genesis			**Exodus (Forts.)**		
1, 26	VI	142	25, 23	VII	81
2, 3	VII	53	25, 31–40	V	82
10, 17	VII	51	26, 1	V	79
12	V	147	26, 31	V	79
12, 26	V	147	26, 36	V	79
13, 2	V	148	28, 6 ff.	V	79
13, 10	IV	146	28, 6–30	V	98
13, 18	IV	171	28, 9	V	98
	IV	173	28, 17 ff.	V	98
14, 3	II	40	28, 29	V	97
	IV	142	28, 30	V	98
14, 13	IV	173	28, 31–34	V	96
14, 18 ff.	VI	256	28, 36	IV	47
17, 14	II	202		V	99
18, 1	IV	173	28, 38	V	99
19, 20 ff.	IV	146	28, 39–42	II	58
20	V	147	28, 39	V	96
22, 2	V	54	28, 40	V	99
23, 2	IV	170	28, 42	V	96
26	V	147	29, 9	V	99
30, 14–16	VII	98	30, 6	V	82
35, 27	IV	171	30, 17	VI	250
37, 6 ff.	II	30	30, 23–25	VI	223
37, 14	IV	171	30, 34	V	84
40, 16 ff.	II	30	31, 1–10	V	82
41, 22 ff.	II	30	32, 27–29	Exk. IV	
49, 9	VI	256	34, 23	VI	252
49, 10 LXX	Exk. XV		39, 6–21	V	98
			39, 10 ff.	V	98
Exodus			40, 5	V	82
12, 35	V	148	40, 22	V	82
12, 38	VI	135	40, 24	V	82
14 f.	IV	228			
14, 2.9	IV	228	**Leviticus**		
15, 20 f.	V	33	6, 10	II	58
18, 25	II	248	6, 12 f.	II	192
19, 5 f.	V	155	10, 8–11	V	94
19, 6	II	49	14, 4 ff.	II	156
20, 7	VII	81	14, 49 ff.	II	156
22, 31	VI	210	15, 1–15	V	92
24, 1	IV	87	15, 16–18	V	92
24, 10	V	98	16, 3 ff.	V	100
25, 4	V	79	16, 4	II	58
25, 10 ff.	IV	223	16, 10	IV	48
25, 23–30	V	82	16, 20–22	IV	48

122

a) Altes Testament

	Buch	Anm.		Buch	Anm.
Leviticus (Forts.)			Deuteronomium (Forts.)		
21, 11	V	4	22, 5	IV	188
21, 16–23	V	92	23	V	92
	V	93	23, 10–15	Exk.	IV
21, 17f.	I	133	23, 10f.	V	92
22, 7	V	92	23, 11–15	II	75
23, 35f.	II	224	23, 15	II	44
25, 23	VII	136	26, 5	Exk.	XIV
26, 29	VI	80	28, 53	VI	180
			28, 56f.	V	175
Numeri			33, 9	IV	27
5, 2f.	V	92	34, 3	IV	137
6, 6–21	II	164	34, 8	III	104
6, 24–26	II	44			
11, 16	IV	87	Josua		
13, 22	IV	170	1, 8	II	56
18, 8	V	218	4, 13	VI	221
19, 10b–20	IV	56	6	IV	133
20, 30	III	104	8	V	32
21, 1	III	21	8, 18	Exk.	XXI
21, 30	I	22	8, 26	Exk.	XXI
22–24	IV	95	9, 13ff.	II	223
22, 5ff.	VI	133	9, 23	II	192
24, 17	Exk.	XV	10, 10f.	II	233
25, 7	Exk.	V	11, 2	I	23
25, 7f.	Exk.	IV	11, 5	III	123
25, 11	Exk.	IV		IV	4
27, 21	V	98	11, 7	IV	4
32, 3	IV	114	12, 3	III	112
32, 36	IV	114		IV	116
33, 7	IV	228	12, 23	I	23
33, 49	II	143	13, 9	I	27
	IV	116	13, 16	I	27
34, 4	IV	160	13, 27	III	112
34, 5	I	136		IV	114
34, 10	III	112	13, 37	II	16
			15, 32	IV	161
Deuteronomium			15, 36	IV	149
2, 2	Exk.	XIII	15, 44	I	30
2, 24	II	204		I	148
3, 17	IV	142	15, 55	IV	161
4, 43	I	59	15, 62	II	40
11, 23ff.	V	25		IV	108
12, 5	IV	52	18, 19	II	40
13, 13–19	IV	63	18, 23	IV	182
18, 1ff.	I	218	18, 26	VII	109
19, 15	VII	187	19, 7	IV	161
20, 13–15	IV	63	19, 12	II	253
21, 22f.	IV	73		III	14
21, 33	III	90		III	70

123

IV. Stellen

	Buch	Anm.		Buch	Anm.
Josua (Forts.)			2. Samuel (Forts.)		
19, 22	IV	1	12, 26–26	III	72
19, 29	I	128	16, 21 ff.	I	236
19, 35	II	259	20, 21	VII	33
19, 50	IV	120	21, 9f.	IV	73
20, 7	II	205	23, 23	V	177
	IV	23	24	VI	250
24, 30	IV	120	24, 18	V	54
Richter			1. Könige		
1, 13	I	22	5, 13 LXX	VII	98
1, 16	III	51	6 f.	V	56
	IV	137	6, 2	V	81
1, 27	I	23	6, 5 LXX	VI	223
1, 36	IV	161	6, 6 f.	VI	164
4, 6	IV	23	6, 6	V	86
4, 9 f.	IV	23	6, 20	V	85
4, 15	VI	230	6, 22	V	82
5, 8	VI	221	7, 48	V	82
7, 9	III	76	7, 49	V	82
7, 19	V	202		VI	223
14, 1	IV	120	8, 23	V	185
14, 5	IV	120	8, 29	IV	52
				V	145
1. Samuel			8, 64	V	90
4, 1	II	220	10, 18	VII	64
5, 12	V	152	11, 7	V	200
10, 26	V	177	11, 27	V	41
13, 17	IV	182	12, 25–33	IV	5
13, 18	II	233	14, 11	VI	210
14, 15	V	25	18, 40	Exk. IV	
15	IV	63	19	IV	48
16, 1–13	IV	37	19, 19	Exk. IV	
17, 6	Exk. XXI				
17, 45	Exk. XXI		2. Könige		
21, 7	V	218	2, 11	VI	141
22, 2	Exk. VII		2, 19–22	IV	135
22, 14	V	177	2, 20	IV	134
23–25	Exk. VII		6, 15 ff.	V	24
23, 24 f.	IV	161	6, 17	VI	141
24, 1 f.	IV	106	6, 28	VI	80
	IV	108	9, 10	IV	73
25, 1 f.	IV	161	9, 30	IV	187
29, 1	II	220	14, 13	VI	256
			15, 29	IV	23
2. Samuel			17, 24	I	28
2, 1–3	IV	170	18, 13–37	V	111
5, 1–5	IV	170	18, 13 ff.	V	256
5, 7	V	36	18, 14 f.	V	165
8, 17	II	89	18, 17 ff.	V	144

a) Altes Testament

Buch		Anm.	Buch		Anm.
2. Könige (Forts.)			**Jeremia**		
18, 17	V	126	2, 21	V	77
18, 25	V	165	7, 11	IV	36
18, 26 ff.	VI	30	7, 14	Exk. XIV	
19, 35 ff.	V	154	7, 34	V	144
19, 35	V	126	10, 2	VI	137
20, 8	VI	133	13, 27	VI	144
22, 13	V	200	14	V	168
22, 14	Exk. VIII		16, 9	VI	144
23, 28	III	23	19, 9	VI	80
23, 29 ff.	V	147	22, 28	VI	32
25, 4 ff.	VI	256	27, 37	VI	103
25, 4	V	157	31, 39	Exk. X	
25, 8 f.	VI	109	34, 8–22	Exk. VII	
24, 12	VI	32	34, 8	VII	74
43, 13	VI	256	40, 12	V	168
			42, 10	VI	206
			46, 17	V	147
Jesaia			48, 34	IV	146
1, 25	IV	78	52, 12	VI	109
6, 6–9	VI	136			
7, 3	V	43	**Hesekiel**		
8, 1	Exk. XIV		4, 1–3	Exk. XIV	
10, 16 ff.	VI	138	4, 16 f.	V	176
10, 24–34	V	25	5, 10	VI	80
10, 28–34	IV	101	11, 16	VII	73
12, 3	V	168		VII	74
13, 10	Exk. XIV		11, 16 LXX	VII	28
15, 2	I	27	11, 23	V	169
15, 5	IV	146		VI	143
17, 14	Exk. XVIII		13, 10 f.	I	103
19, 9	VII	205	17, 5–8	V	77
20, 3	Exk. XIV		28, 13	V	98
29, 1–8	V	25	29, 10	IV	207
29, 1	V	74	30, 6	IV	207
30, 21	VI	42	31	IV	173
31, 1–4	V	25	38, 12	III	22
31, 8	IV	25	40, 46	II	89
34, 4	Exk. XIV		41, 6 ff.	VI	126
36, 2	V	111	42, 15–20	V	61
40, 3	VII	209		VI	149
44, 6	Exk. XV		43, 19	II	89
57, 1 f.	IV	79	44, 1 f.	V	86
60, 1–6	VI	136	44, 15	II	89
60, 19 ff.	VI	138	44, 17–19	II	49
60, 20	II	44	44, 17 ff.	V	98
62, 8	VII	136	44, 17 f.	II	58
66, 1 f.	V	185	44, 28	II	38
66, 15 f.	IV	78	47, 10	IV	108
			47, 18	IV	142

IV. Stellen

	Buch	Anm		Buch	Anm.
Hosea			**Psalmen (Forts.)**		
4, 12	I	148	95, 10	Exk. XIII	
5, 15	VI	143	118, 27	II	44
6, 9	IV	32			
12, 10f.	VII	209	**Proverbien**		
			17, 23	VI	77
Joel			21, 9	IV	32
2, 20	IV	142	21, 14	VI	77
			25, 24	IV	32
Amos					
2, 13–16	VI	230	**Hiob**		
5, 19	IV	189	20, 8 LXX	VII	209
			28, 19	V	98
Obadja			41, 20	V	116
1, 3f.	I	69	42, 14	IV	187
Micha			**Canticum**		
3, 12	Exk. XIV		1, 14	IV	139
7, 6	IV	27	4, 13	IV	139
7, 8	II	44	5, 1	IV	139
			7, 17–22	VII	98
Habakuk					
2, 12	I	103	**Ruth**		
			4, 2	VII	185
Zephanja					
1, 10	Exk. VIII		**Klagelieder Jeremias**		
			1 ff.	V	8
Haggai			2, 10	VII	184
2, 23	I	290	2, 21	VII	184
			4, 3	V	175
Sacharja			4, 10	VI	80
1, 7–17	IV	105			
6, 1	VI	141	**Kohelet**		
11, 1	VI	136	3, 14	Exk. XVIII	
13, 9	IV	78	3, 21	Exk. XXIV	
14, 8	IV	142	4, 2f.	Exk. XXIV	
14, 10	Exk. X			VII	169
			11, 3	Exk. XVIII	
Maleachi					
3, 2f.	IV	78	**Daniel**		
			2	IV	49
Psalmen			2, 35	Exk. XV	
1, 2	II	56	4	IV	173
27, 1	II	44	6, 10	IV	46
50, 2	V	87	7	IV	49
72, 5.17	VII	40		IV	105
74, 4	VI	151	7, 14 LXX	Exk. XV	
74, 8	VII	74	8, 4	V	124
76, 3	VI	256	8, 13f.	IV	68
80, 9–12	V	77	9, 24–27	IV	101

a) Altes Testament / b) Neues Testament

	Buch	Anm.		Buch	Anm.
Daniel (Forts.)			1. Chronik (Forts.)		
9, 26	IV	74	24, 5ff.	IV	37
11, 36	VII	89	24, 7	I	15
11, 40–45	V	25	24, 12	Exk. IV	
				IV	38
Esra			26, 27 LXX	VII	8
2, 33	IV	149	28, 11	VI	129
3, 3	V	90			
6, 3	V	81	2. Chronik		
			3f.	V	56
Nehemia			3, 1	V	54
2, 13ff.	V	119	4, 8	V	82
2, 13	V	31	4, 9	V	58
	V	38	6, 13	V	58
2, 14	V	41	11, 5	IV	170
3, 11	Exk. X		11, 7	I	18
3, 13f.	V	38	11, 10	IV	170
3, 15	I	26	13, 19	II	48
7, 37	I	26	17, 10	V	25
8, 15	V	181	20, 2	IV	108
10, 39	VI	129	20, 14–30	V	150
11, 34	IV	149	20, 17	V	156
12, 6	I	15	24, 20ff.	IV	86
12, 19	I	15		VI	34
12, 31	V	38	26, 9	V	119
13, 15	V	181	27, 3	II	200
			32, 5	V	42
1. Chronik			32, 18f.	VI	30
3, 17	VI	32	32, 20ff.	V	154
7, 29	I	23	33, 14	II	200
6, 22	IV	1	35, 20	V	147
9, 15	IV	17	36, 12	VI	206

b) Neues Testament

Matthäus			Matthäus (Forts.)		
2, 2	VI	137	23, 25	IV	54
2, 9f.	VI	137	23, 35	IV	86
3, 4	IV	138		VI	34
8, 28	I	42	24, 3	Exk. XIV	
9, 23	III	105	24, 5	II	147
10, 35f.	IV	27	24, 23	II	147
12, 41	VI	42	27, 1ff.	II	97
14, 3	I	258	27, 6	II	100
14, 6	I	258	27, 51–53	Exk. XIII	
15, 13	IV	79	27, 51	V	85
16, 4	VI	144			
16, 19	I	62	Markus		
18, 17	IV	51	2, 25f.	V	218

IV. Stellen

	Buch	Anm.		Buch	Anm.
Markus (Forts.)			**Johannes (Forts.)**		
3, 22	VII	15	2, 13	V	217
5, 1	I	42	2, 20	I	183
6, 14–16	VII	200	5, 2	V	44
6, 17–29	II	106	7, 52	V	182
6, 17	I	258	8, 12	II	44
	II	206	8, 33	IV	49
6, 22	I	258	10, 12	VII	211
6, 48	V	202	10, 23	V	56
11, 17	IV	36	11, 48	VII	199
12, 18–27	II	90	11, 54	IV	182
12, 41	V	68	12, 6	II	63
13	IV	74	12, 29	VI	135
13, 1–3	VI	144	18, 5	VII	20
13, 12	IV	27	18, 13	II	135
13, 35	III	76	18, 19	V	177
	V	202	18, 22	VI	145
14, 3	Exk. XIV		18, 28	VI	247
14, 8	VI	68	19, 12	VI	245
15, 15ff.	V	182	19, 13	II	98
15, 17ff.	Exk. VII		19, 41	V	42
15, 31	V	209	20, 25	V	182
15, 36	V	209			
15, 38	Exk. XIII		**Apostelgeschichte**		
			1, 9ff.	VI	141
Lukas			1, 15–26	IV	37
3, 1	I	180	2, 1ff.	I	126
	II	24	2, 42	VI	251
3, 21	IV	135	2, 44	II	38
6, 38	VI	77	3, 2	V	73
7, 11–17	IV	161	3, 11	V	56
8, 26	I	42	3, 15	IV	75
10, 30	VII	15	4, 1	I	285
11, 50	VI	241	4, 32–5, 11	II	38
11, 51	VI	34	5, 12	V	56
13, 1	I	82	5, 24	I	285
15, 24	VI	71	5, 34–39	VII	211
15, 32	VI	71	6, 13	IV	52
17, 21	VI	140	7	V	144
19, 40	V	171	8, 27	VI	3
21, 5	II	88	9, 36	IV	31
21, 7	Exk. XIV		10, 11ff.	VI	247
22, 24–30	II	46	11, 3	VI	247
24, 13	II	17	12, 4	V	202
24, 39	V	182	12, 21–23	I	192
			19, 35	V	155
Johannes			20, 16	I	126
1, 9ff.	II	44	21, 20ff.	II	164
1, 46	V	179	21, 28	V	64
2, 1	II	260	21, 38	II	145

b) Neues Testament

	Buch	Anm.
Apostelgeschichte (Forts.)		
	II	148
	VII	211
22, 19–23	II	120
23, 6 ff.	II	90
23, 25	II	97
23, 31	II	219
24–26	II	139
24, 24	II	122
25, 12	II	156
25, 13	II	163
25, 23	II	163
26, 14	VI	146
26, 30	II	163
26, 32	II	156
28, 13	II	28
Römer		
1, 14	VI	80
1, 25–27	IV	188
1, 28	VI	93
2, 14	V	166
2, 25–27	VI	42
11, 36	V	84
1. Korinther		
3, 6–8	IV	79
4, 14	VI	171
5, 1 ff.	VI	80
8, 6	V	84
9, 13	V	218
11, 21	IV	65
2. Korinther		
11, 23 ff.	VI	181
Galater		
2, 14	II	206
3, 15	II	5
4, 25	VII	83
Epheser		
4, 6	V	84
6, 11	III	39
6, 14–17	III	39
Kolosser		
1, 16	V	84

	Buch	Anm.
1. Thessalonicher		
2, 14	V	217
2. Thessalonicher		
2, 4	VII	89
2, 7	I	228
1. Timotheus		
2, 8	IV	134
2. Timotheus		
4, 2	I	50
4, 7	VI	181
Hebräer		
2, 5–18	IV	76
2, 10	IV	75
	V	84
4, 14–5, 10	IV	76
5, 11–6, 20	V	146
7, 2	VI	256
8 ff.	V	75
9, 1	V	185
9, 2	VI	223
9, 3	I	83
9, 4	V	82
9, 10	II	84
10, 20	Exk. XIII	
11	V	144
12, 2	IV	75
1. Petrus		
1, 7	IV	78
2, 9	II	46
Offenbarung Johannis		
2, 7	V	124
2, 11	V	124
3, 5 ff.	V	124
3, 18	IV	78
4, 11	VII	38
5, 9	VII	38
6, 1–8	IV	105
11, 1–2	VI	111
15, 4	VII	38
19, 13 ff.	Exk. VII	
21, 23	II	44

IV. Stellen

c) Außerrabbinisches Judentum
(Apokryphen, Pseudepigraphen, Apokalypsen)

	Buch	Anm.		Buch	Anm.
Aristeasbrief			Jubiläen (Forts.)		
98	V	99	16, 10	IV	171
105	V	48	16, 24	V	84
115	I	22	16, 26	IV	79
112	V	181	19, 1 ff.	IV	171
205	VII	4	22, 3	IV	171
230	VII	4	23, 19	IV	27
265	VII	4	30, 26	V	25
270	VII	4	36, 6	IV	79
380 ff.	VII	192	36, 20	IV	171
			44, 1	IV	171
Apokalypse Baruch			50, 8 ff.	IV	22
2, 1–4	VI	80			
2, 3	VI	80	Judith		
3, 1 ff.	VI	183	3, 7	IV	70
6, 7	I	83	15, 7	VII	8
4. Esra			1. Makkabäer		
6, 24	IV	27	1, 21	V	82
8, 63	Exk. XIV		1, 29 ff.	V	158
10, 6 f.	VII	183	1, 33	V	36
			1, 33–35	Exk. I	
Äthiopischer Henoch			1, 38	Exk. I	
6–10	II	66	1, 39	V	158
6–11	Exk. XII		1, 52	IV	63
7, 1	II	57	1, 54	VII	204
8, 3	II	57	1, 56 f.	II	127
17–36, 22	Exk. XII		1, 62 f.	II	80
20	II	66	2	II	34
22, 1–13	II	82	2, 1	I	15
26 f.	V	181	2, 3	VI	165
40	II	66	2, 23–27	Exk. IV	
50, 1–5	VII	172	2, 28 ff.	VI	191
65–69, 25	Exk. XII		2, 29 f.	II	264
90, 28	Exk. XIV		2, 31 ff.	IV	163
100, 2	IV	27	2, 39–41	V	4
101–104	Exk. XII		2, 40 ff.	I	80
			2, 42	IV	45
Josephus und Aschenat			2, 42	VI	190
27	V	150	2, 43	VII	31
			2, 45 f.	II	202
Jubiläen			2, 50–68	IV	45
1, 16	IV	79	2, 50	II	81
2, 18	VII	53	2, 54	Exk. V	
2, 25 ff.	IV	22	2, 64	II	81
8, 19	III	22	3, 13–24	II	233
10, 12 f.	II	57	3, 15	II	233

c) Außerrabbinisches Judentum

	Buch	Anm.		Buch	Anm.
1. Makkabäer (Forts.)			**1. Makkabäer (Forts.)**		
3, 24	II	233	13, 13	IV	149
3, 40ff.	VI	101	13, 42	IV	75
3, 40	II	17	13, 49ff.	Exk. I	
3, 45	Exk. I		14	VII	40
	V	36	14, 5	III	101
3, 47ff.	II	164	14, 6–15	IV	75
3, 55ff.	II	69	14, 16–24	II	183
4, 33	V	33	14, 18	VII	58
4, 41	Exk. I		14, 26	VII	58
4, 49	V	82	14, 36	Exk. I	
	V	223	14, 41	IV	75
4, 60	Exk. I		14, 41f.	IV	77
	VII	204	14, 47	IV	77
5, 8	VII	105	14, 48	VII	58
6, 21ff.	Exk. I		15, 6	Exk. XI	
6, 30	I	18	15, 23	I	201
6, 39–41	V	139		I	205
6, 50	I	18		II	27
7, 19a	V	44	16, 11–16	I	24
7, 29	II	233			
7, 32	V	36	**2. Makkabäer**		
7, 40	II	233	2, 5f.	VI	223
7, 41	V	154	3f.	VII	201
8, 17–32	II	183		VII	202
8, 21	VII	58	3, 2	II	188
9, 5	II	233	3, 10	VI	129
9, 18	I	19	3, 11	VII	127
9, 32ff.	VI	191	3, 22–30	VI	233
9, 35f.	I	20	3, 24	V	177
9, 50	IV	162	3, 28	V	177
	IV	182	4, 2	Exk. V	
	VI	101	4, 9	II	211
10, 20	VII	56		VII	27
10, 29	VII	56	4, 11	VI	164
10, 39	II	108	4, 12	II	172
10, 65	I	227	4, 33	VII	26
10, 89	I	227	5, 2ff.	VI	141
11, 20ff.	Exk. I		5, 9	I	241
11, 27	I	227	5, 10	IV	73
11, 34	IV	182	5, 26	V	158
11, 57f.	I	227	5, 27	VI	191
11, 63 (73)	IV	23	6, 4	VI	168
11, 67	III	112	6, 18	II	80
12, 1	II	183	6, 22	VI	164
12, 2	I	241	6, 27f.	II	81
12, 5–23	I	241	6, 29	V	195
12, 33f.	III	101	6, 31	VII	195
12, 36	Exk. I		7	VII	195
12, 38	IV	149	7, 1	II	80

IV. Stellen

	Buch	Anm.		Buch	Anm.
2. Makkabäer (Forts.)			**4. Makkabäer (Forts.)**		
7, 2	II	81	18, 12	Exk. V	
8, 9	V	154			
8, 21	II	81	Psalmen Salomos		
8, 23f.	V	155	2, 29–36	IV	228
8, 26	II	264			
8, 30	VII	8	Sapientia		
9, 16	II	188	7, 17–22	VII	98
9, 27	VI	164	11, 10	VI	171
10, 16	V	155	17, 4	VII	209
11, 20	V	155	19, 2	V	150
12, 29–31	II	207	19, 13	Exk. XIV	
12, 36	V	158			
12, 38	II	264	Sibyllinen		
14, 9	VI	164	3, 334f.	VI	137
14, 33	VII	89	3, 350ff.	Exk. XV	
14, 41–46	III	85	3, 673	VI	137
15, 12	IV	76	3, 769	VI	137
15, 22	V	154	3, 804ff.	VI	141
			4, 115ff.	VI	34
3. Makkabäer			4, 117ff.	IV	101
3, 16ff.	VI	164			
4, 8	VI	168	Sirach		
17, 23	VI	§455*	24, 15	V	84
			49, 13	I	290
4. Makkabäer			50, 1–21	IV	75
1ff.	V	177	50, 1	V	61
4, 19	VII	141			
5, 12	VI	164	Testamente der XII		
6, 11f.	VII	196	Patriarchen		
8–12	VII	195	Benjamin 8, 3	II	75
8, 1f.	VII	196	Juda 24	I	35
8, 14	VII	196	Levi 2, 12	II	38
8, 27	VII	196	18	I	35
18, 5	VII	141	18, 2	II	44

d) Qumrantexte

CD			CD (Forts.)		
1, 7	IV	79	10, 14–11, 18	II	74
4, 2	I	80	10, 14ff.	IV	22
4, 19	I	103	10, 17ff.	IV	22
6, 5	I	54	11, 2	IV	22
6, 15–17	II	63	11, 14f.	IV	22
6, 16	II	65	12, 1f.	IV	182
7, 6f.	II	85		V	92
8, 12	I	103	12, 1	II	85
8, 18	I	103	13, 1–7	II	72
10, 1f.	II	55	14, 3f.	II	76

d) Qumrantexte

	Buch	Anm.		Buch	Anm.
CD (Forts.)			1 QM (Forts.)		
14, 16	II	85	5, 4–6	III	39
15, 8–10	II	55	5, 7	III	39
15, 8–10	II	60	5, 11–14	Exk. XXI	
15, 12	II	60	5, 12	III	39
	II	55	6, 2	III	39
15, 15–17	V	92	6, 8f.	V	35
16, 1f.	II	60	6, 14f.	III	39
16, 4f.	II	55	6, 16	III	39
	II	60	7, 3–7	Exk. IV	
16, 6–12	II	55	7, 4f.	V	92
16, 10	II	85	7, 4	V	25
20, 1	I	35	7, 6f.	II	75
			7, 9ff.	IV	77
1 Q 27			7, 12	IV	53
5–7	V	88		IV	77
			7, 13–8, 17	IV	77
1 Q GenAp			8, 1	II	248
20, 12	V	148	9, 7	IV	77
20, 14	V	147		V	4
20, 16	V	148	9, 9	II	248
20, 31ff.	V	148	9, 10f.	II	230
21, 8ff.	V	49	9, 12	III	39
21, 19f.	IV	171	9, 15f.	II	66
22, 2f.	IV	171	10, 1ff.	IV	53
			11, 12ff.	IV	25
1 QH			12, 12	V	25
2, 15	II	87	14, 4ff.	V	33
2, 32	II	87	17, 6ff.	V	24
3, 13–18	IV	71	17, 6f.	II	66
3, 22	Exk. XVIII		19, 5f.	V	25
3, 32f.	IV	71			
4, 5ff.	V	88	1 QpHab		
4, 5	II	44	1ff.	V	99
4, 23	II	44	5, 9f.	I	84
6, 23ff.	V	24	6, 4	VI	151
7, 22	I	38	8, 8f.	II	47
8, 4–10	IV	79	10, 9f.	I	103
9, 33	I	38	11, 7f.	V	100
10, 25f.	IV	79			
14, 17f.	II	55	1 QS		
			1, 1–15	II	60
1 QM			1, 1	II	60
1, 3	V	25		II	67
3	II	248	1, 5	II	62
3, 1f.	V	32	1, 9f.	II	60
3, 11	V	25	1, 9	II	54
4	II	248	1, 11–13	II	38
5, 3–14	II	41	1, 16	II	67
5, 3	V	35	2, 3	II	44

133

IV. Stellen

	Buch	Anm.		Buch	Anm.
1 QS (Forts.)			1 QS (Forts.)		
2, 19–21	II	76	6, 24f.	II	62
2, 20f.	II	67		II	63
2, 21–23	II	46	6, 26	II	54
2, 21f.	II	248	6, 27	II	70
2, 21	II	69	7, 1f.	II	68
3, 12ff.	III	7	7, 6–8	II	63
3, 13–4, 26	II	90	7, 13	II	73
3, 14–4, 26	II	62	7, 16f.	II	68
4, 5f.	II	54	7, 24f.	II	68
4, 6–8	II	82	8, 11f.	II	64
4, 11–14	II	82	8, 13–15	VII	209
4, 20–22	II	84	8, 17	II	65
4, 26	Exk. XVIII		8, 20–9, 2	II	42
5, 1	II	67	8, 22f.	II	68
5, 2	II	71	9, 1	II	68
5, 3	II	54	9, 13–20	II	64
	II	62	9, 11	I	35
5, 7–10	II	60	9, 21f.	II	60
5, 8–11	II	55	9, 22f.	II	61
5, 8–10	II	60	9, 23–25	II	61
5, 8	II	70	10, 20f.	II	60
5, 9	II	71	10, 22	II	62
5, 13–20	II	77	10, 24	II	64
5, 16f.	II	50	11, 5	II	44
5, 23–25	II	46			
5, 25f.	II	54	1 QSa		
6, 3–8	II	72	1f.	II	37
6, 3	I	38	1, 4	II	85
6, 4f.	II	48	1, 10	II	85
6, 6f.	II	56	2, 5–7	V	92
6, 7	II	69	2, 11–22	II	46
6, 8–13	II	51			
6, 8f.	II	69	1 QSb		
	II	76	4, 27f.	II	44
6, 8	II	67	4, 27f.	II	44
	II	71			
6, 10–13	II	72	3 Q 15 (Kupferrolle)		
6, 11	II	72	11, 12–14	Exk. X	
6, 13–23	II	59			
6, 16	II	59	4 QpNah		
6, 18	II	59	1f.	II	87
6, 19f.	II	59	1, 2	I	151
6, 19	II	38	1, 7f.	I	53
6, 20–23	II	59			
6, 20	II	39	4 QpJes		
6, 22	II	46	zu Jes. 10, 24–34	V	25
6, 23	II	69			
6, 24–7, 25	II	42	4 Q Testimonien		
	II	69	Dt. 33, 8–11	IV	27

e) Rabbinische Literatur

e) Rabbinische Literatur

		Buch	Anm.				Buch	Anm.
Targ. Onkelos				Mischna (Forts.)				
zu Num 15, 14		Exk. VII		Nazir		II		164
				Sota	IX	9	IV	188
Targ. Jonathan					IX	15	VI	36
zu Ez 11, 16		VII	74	Qidd				
zu Cant 8, 5		VII	183		IV	14	IV	40
zu Klag Jer 2, 20		IV	86	Sanh	I	6b	IV	87
					XI	2	IV	85
Mischna				Ed	II	10	IV	78
Kilajim				Abot				
	I	7	VII	95		III	19	II	90
Schebiit					IV	15	IV	17
	VII	6	IV	139	Zebaḥim			
Schab	I	4	VII	101		III	5	VI	139
	X	3	VI	77		XIV		Exk. XIX	
Pes	III	8	V	21	Men				
	V	1	VI	251		XI	6	VI	223
	VIII	3	VI	251	Bek				
	VIII	7	VI	251		VIII	7	V	213
	IX	4	VI	252	Arachin				
Scheq					IX	6	IV	20
	III	1	VI	129	Tamid				
	IV	4	VI	223		I	1	V	28
	V	2	VI	225				VI	138
	V	6	V	216		II	3	V	90
			VI	129		III	8	VI	121
	VI	4	V	66	Middot			V	60
	VIII	1	V	36				V	54
	VIII	4f.	VI	224		I	1	V	55
Joma							VI	138
	I	1f.	V	95		I	3	IV	56
	I	3	IV	41		I	4	II	87
	I	8	VI	142		I	4	IV	196
	III	6	V	100				V	71
	III	9	IV	44				VI	128
	III	10	V	107				Exk. XIII	
	VII	1	VI	77		I	5	V	14
	VII	4	V	100				V	71
Sukka							V	70
	III	1	IV	129		I	6	IV	176
	IV	5a	VII	109		II	1	V	61
	V	4	V	73				VI	149
	V	5	IV	196		II	3	IV	51
Taanit							V	65
	IV	5	II	192				V	73
	IV	6	VI	127				VI	128
	IV	7	VI	195		II	3a	V	63
Jeb	VI	4	IV	44				V	64

IV. Stellen

Mischna		Buch	Anm.	Mischna		Buch	Anm.
Middot (Forts.)				Kelim (Forts.)			
II	3d	V	70	XV	6	VII	81
II	3e	V	75	XVII	12	Exk. VII	
II	4	IV	56	Ohal			
II	5	V	219	XVIII	7	Exk. X	
		IV	196	Para II	1	VI	139
II	6	VI	33	III	2	VI	211
		Exk. XIII		III	3	V	28
II	6b	IV	72	III	5	IV	56
II	6e	V	73	Zabim			
II	7	II	187	VI	9	V	92
		V	66				
		V	73	Tosephta			
		V	91	Ber VII	2	Exk. XIX	
		Exk. XIII		Pesachim			
III	1–4	V	90	IV	3	VI	250
III	1	II	230	Joma I	6	Exk. IV	
		V	90	II	4	V	73
III	3	V	90	II	5	Exk. XIII	
III	4	V	90	Sukka			
III	7	V	75	III	18	IV	135
III	8c	V	77	IV	28	VI	127
IV	1	V	75	Taanit			
IV	1a	V	78	IV	9	Exk. XIII	
IV	2f.	V	86	IV	10	V	27
IV	3ff.	VI	110	Megilla			
IV	3	V	86	III	7	Exk. XIX	
IV	4	VI	126	Ket			
IV	5b	V	76	XIII	3	V	213
IV	5c	V	85	Sota I	4	Exk. XIII	
IV	6f.	V	74	XIII	1	VI	211
		V	81			VI	223
IV	6	V	3	XIII	2	VI	142
		V	89	XIV	2	IV	188
IV	7	V	76	XV	11	Exk. XIX	
		V	85	Sanh			
V	1–3	V	66	III	4	V	134
V	1ff.	Exk. XIII		Ed III	2	Exk. X	
V	3f.	IV	196	A.Z. V	6	VII	80
V	4	IV	85	Men IX	8	VI	223
V	4	V	40	XIII	21	VI	144
Kelim I	1	IV	56				
I	5	V	92	Babylonischer Talmud			
I	7–9	V	92	Ber	3a	VI	142
I	7f.	V	92		32b	Exk. XVIII	
I	8	I	9		49b	V	21
		IV	51		54a	VI	137
		V	64		58b	VI	137
		V	91		61b	V	21

e) Rabbinische Literatur

	Buch	Anm.		Buch	Anm.
Babylonischer Talmud (Forts.)			Moed Qatan		
Schab 14a	VII	139	Gittin (Forts.)	V	174
17b	VII	101		V	175
108b	IV	142		V	213
	IV	143		Exk. VII	
113a.b	IV	22		Exk. XIII	
127a	VI	52	56b	II	127
156a	Exk. XVIII			IV	120
Pesachim 3b	V	64		V	212
53a	V	205		VI	91
57a	VI	36		VII	89
57b	VI	144	Sota 8b	Exk. XVIII	
64b	VI	250	47a	IV	135
67a	V	92	Baba Mezia		
85b	Exk. XIII		11a	Exk. XVIII	
Joma 2a	VII	203	44a.b	V	213
9b	VI	142	84a	VII	52
39b	VI	136	Baba Batra		
	Exk. XIII		3b	I	98
44b	V	75	4a	IV	172
52b	VI	223	21a	IV	44
54a	V	75	Sanh 11a	VI	142
Sukka 29a	VI	137	25b 26a	IV	40
32b	IV	129	37a	III	22
45a	VII	109	41a	V	60
56a.b	VI	127	48b	VII	52
Roschhasch			65b	VII	53
24a.b	V	83	Makkot 24a.b	VI	265
Taanit 26b	VI	27	24b	V	21
28b	VI	27	Scheb 16a	V	125
29a	VI	109		V	134
	VI	120	A.Z. 8b	V	60
Megilla 29a	VII	28	43a	V	83
	VII	74	43a.b	VII	206
32a	VI	142	Men 28aff.	VI	223
			28b	V	83
Moed Qatan			109a.b	VII	201
28a	Exk. XVIII		109b	VII	202
Jeb 67a	V	209	109b	VII	205
Ket 10b	V	209	110a	VII	205
66b	V	221	Chulin 139b	V	53
106a	V	75	Bek 13b	IV	142
106b	VI	223	Arachin 11b	VI	109
Nedarim 50a.b	VII	20	Kritot 6a	V	84
Gittin 56a	IV	42	15a	VI	101
	IV	59			
	IV	101	Jerusalemischer Talmud		
	IV	102	Ber		
	IV	104	II 4 (5a)	IV	101
	V	10	III 5 (6c)		

137

IV. Stellen

Buch			Anm.
Jerusalemischer Talmud (Forts.)			
Schebiit			
VI 1	(36c)	I	58
IX 2	(138d)	IV	114
Schab			
I 5	(3c)	VII	139
Scheq			
V 2 (48d/49a)		Exk. XIII	
VI 2	(49c)	VI	223
VI 2	(50a)	VII	26
VI 3	(50a)	VI	33
Joma			
III 9	(41a)	Exk. XIII	
IV 3	(41c)	VII	202
VI 2	(43c)	VI	136
VI 3	(43c)	Exk. XIII	
Sukka			
IV 2	(54b)	VII	109
Taanit			
IV 8	(68c)	IV	125
		V	200
IV 8	(69a)	IV	184
		VI	37
Meg			
I 6	(70c)	VII	203
Qidd			
III 14	(64c)	Exk. VII	
Sanh			
I 5	(19b)	V	134
X 2	(29b)	IV	78
Scheb			
IX 2	(38d)	VI	101
Hor			
III 6	(48a)	VII	26
Mekhilta			
zu Ex. 12, 17		IV	22
Sifra			
zu Lev 21, 10ff.		IV	40
		Exk. IV	
zu Lev 24, 3		VI	223
Sifre			
zu Num 10, 32		IV	136
zu Num 5, 16		Exk. XIII	
zu Dt 13, 18		V	93

	Buch	Anm.
Midrasch rabba		
zu Gen		
2, 3	VII	53
9, 26	VII	81
11, 5	VII	53
12, 17	V	48
12, 20	V	148
	V	150
14, 14	V	147
22, 1	V	54
30, 24	VII	53
42, 14	II	164
49, 3ff.	VI	256
zu Lev		
5, 4	VII	26
17, 6	VI	223
zu Num		
5, 16ff.	Exk. XIII	
16, 25	V	53
zu Dt		
12, 20	VII	26
zu Cânt		
2, 9	Exk. XIX	
zu Klag Jer		
Proömium		
XXIV 17	VI	143
1, 1	VI	250
	VI	251
1, 4	IV	188
1, 5	IV	100
	IV	101
	IV	181
	V	212
	Exk. VII	
	Exk. XIX	
1, 13	III	96
	V	180
2, 2	IV	184
	VII	53
2, 3	VI	143
3, 5	VII	53
zu Koh		
1, 8	III	126
3, 21	VII	169
7, 1	VII	169
	Exk. XXIV	
7, 11	Exk. VII	
9, 4	Exk. XXIV	

f) Griechische und lateinische Schriftsteller

	Buch	Anm.		Buch	Anm.
Pesikta rabbati			Seder Olam		
29b	VI	223	27	V	109
119b	VII	53	30	V	109
129b	V	175			
131b	VII	183	Sifre zuta		
137a	V	195	17	Exk. VI	
146b	VII	53			
162b	V	132	Tanḥuma		
Abot de R. Nathan			zu Ex. 25, 1	VII	20
6	V	10			
Megillat Taanit			Jalkut Schimoni		
9	II	99	II § 1010	V	195
25	I	289	II § 1014ff.	V	175

f) Griechische und lateinische Schriftsteller

Aelian			Arrian		
de natura animatum			Anabasis		
14, 27	VII	98	2, 18, 1	V	199
varia historia			3, 19f.	VII	128
9, 9	VI	168	Aristoteles		
Aeschines			Ath.		
Ktesiphon			45	VII	217
244	III	91	Politica		
Ammianus Marcellinus			1270 A 28	VI	70
23, 1, 1	Exk. XVIII		Problemata		
31, 2, 12ff.	VII	126	924 B 35	VII	95
Appian			Pseudo-Aristoteles		
bell. civ.			mund.		
4, 136	I	123	395 B 36	I	170
5, 7	I	219	396 A 28f.	I	170
Iber.			Athenäus		
23	VII	84	Deipnosophistae		
Lucullus			5, 196–203	Exk. XX	
37	VII	77	5, 206	Exk. XX	
Mithr.			6, 226d	VI	13
116	VII	61			
	VII	77	Aulus Gellius		
117	VII	76	19, 9, 2	VI	105
	VII	84			
Pun.			Caesar		
6, 32	VII	64	bell. civ.		
9, 66	Exk. XX		1, 6	I	99
	VII	69	bell. Gall.		
	VII	70	6, 37	V	197
	VII	76	6, 40	III	31
Syr.			7, 72	III	35
39	VII	58	7, 77f.	VI	80

IV. Stellen

	Buch	Anm.
Chrysostomus		
adv. Jud. orat.		
1, 6	VII	26
Cicero		
Atticus		
1, 16	VI	195
9, 1	I	99
de divinatione		
1, 11, 12	Exk. XIV	
1, 30, 64	Exk. XXIV	
epistolae		
5, 4, 2	IV	24
pro Flacco		
28	Exk. XVI	
Laelius		
76	VII	4
Piso		
55	VII	62
59	VII	62
de re publica		
2, 9	VII	17
2, 16	VII	4
6, 15	VI	13
6, 26	VI	13
in Verrem		
2, 5, 77	VII	84
5, 62 (162 ff.)	II	161
	V	182
5, 66 (170)	II	161
Clemens Alexandrinus		
Strom		
V 668	V	98
Curtius Rufus		
4, 4, 1 f.	V	199
4, 2, 16	V	199
Demosthenes		
Reden		
18, 189	VI	169
Dio Cassius		
Römische Geschichte		
7, 21	Exk. XX	
28, 26	VII	130
37, 16	I	81
42–48	I	100
42, 5	IV	228

	Buch	Anm.
Dio Cassius		
Römische Geschichte (Forts.)		
43, 42	Exk. XX	
44, 6	VII	62
44, 11	VII	62
47, 15	VII	61
49, 16	VII	62
49, 22 f.	I	154
49, 22	I	145
49, 25–31	I	161
49, 30	II	230
49, 49	I	161
51, 17	VI	141
52, 27	VII	4
53, 1	II	21
53, 2	VII	61
54, 6	VII	61
54, 10	VII	36
54, 29	VI	137
55, 12	V	213
55, 23	VII	12
	VII	113
55, 26	IV	220
55, 27	II	29
56, 24	III	24
56, 42	VII	62
57, 1	I	176
57, 5	VI	25
59, 12	II	209
59, 20 f.	II	207
60, 21	III	72
60, 35	Exk. XIII	
62, 1	VI	142
62, 22	VII	34
63, 22	IV	118
63, 29	IV	151
64, 1	VI	139
65, 9	VII	35
65, 12	VII	83
65, 14	II	235
65, 20	VII	84
66, 1	III	96
	IV	213
66, 4	V	168
	V	193
	V	196
	VI	179
66, 5	V	110
	V	114
	V	132

f) Griechische und lateinische Schriftsteller

	Buch	Anm.		Buch	Anm.
Dio Cassius			Epiphanius		
Römische Geschichte (Forts.)			adv. haer.		
	VI	181	1, 10, 28	II	35
66, 6	Exk. IV		19, 39	II	35
	V	137	de mens. et pond.		
	V	180	14	Exk. XIX	
	VI	108			
	VI	111	Euripides		
	VI	120	Bakchen		
66, 7	VI	165	66f.	VII	37
	VII	84	Elektra		
	VII	110	346	VI	85
66, 8	IV	225	Fragmente		
66, 10	VII	38	634	VII	177
66, 15	II	163	Hekuba		
	VI	112	785f.	Exk. XVIII	
	VII	86			
66, 17	Exk. XIII		Eusebius		
66, 18	II	163	Chron.		
66, 26	VII	131	2, 114	I	185
66, 35	VI	137	hist. eccl.		
68, 5	VI	181	1, 9	II	96
68, 32	VII	57	2, 17	II	35
69, 11	IV	228	3, 8, 1–9	VI	135
69, 15	VII	126	4, 22, 5	VI	222
			5, 1, 44	VII	216
			5, 1, 47	VII	216
Diodorus Siculus			onomast.		
1, 51, 5	VII	4	24, 23	IV	149
1, 54, 1	VII	4	29, 4	IV	182
2, 43	VII	47	44	VII	97
2, 48	IV	144	70, 19ff.	II	241
3, 12	VI	246	71, 20ff.	II	241
11, 11, 2	Exk. XVIII		102	VII	97
13, 33	VII	17	104	Exk. II	
19, 98f.	IV	144	112	VII	97
19, 98	IV	146	116, 11	IV	23
			147, 11 ff.	III	14
			175, 12f.	III	14
Dionys von Halikarnass			praep. ev.		
Antiquitates Romanae			8, 11, 1–18	II	35
1, 48, 1	V	108	8, 11, 5	IV	138
3, 35, 6	V	108	9, 35f.	V	48
ep. ad Amadum					
2, 3	VII	80	Eutrop		
			7, 20	VII	4
Dioscorides			Florus		
de materia medica			Epitomae de Tito Livio		
4, 75	VII	98	1, 7, 15	III	57

IV. Stellen

	Buch	Anm.		Buch	Anm.
Gaius			Hippolyt		
Degesta			Elenchos (Forts.)		
48, 9	VII	216	9, 23	II	60
			9, 26	II	24
Galen				II	40
13, 70c	VII	218		II	76
				II	81
Hegesipp				II	145
5, 53, 2	VII	187		II	202
			9, 27	II	82
Herodian				II	83
1, 14	VII	86			
2, 10, 18	VII	205	Homer		
4, 8 f.	V	189	Hymnen		
Herodot			32, 6	VII	56
1, 31	II	44	Ilias		
1, 32	V	187	2, 353	Exk. XIV	
2, 15	I	95	4, 381	Exk. XIV	
2, 30	IV	207	9, 236	Exk. XIV	
2, 102	VI	43	12, 259	VI	43
2, 106	VI	43	22, 408	III	59
2, 113	I	95	Od.		
2, 141	V	154	4, 744	VI	85
2, 180	I	95			
3, 5	IV	228	Horaz		
3, 24	VI	43	Carm.		
3, 91	V	151	4, 2, 49 ff.	Exk. XX	
3, 114	VI	246			
4, 87	VI	43	Isokrates		
6, 41	VI	81	orationes		
7, 2	VII	67	9, 42	VI	168
7, 57	VI	139			
7, 178	VI	81	M. Junius Justinianus		
			Epitome historicorum Philippicarum Pompei Trogi		
Hierokles			29, 1, 5	I	279
711	VII	114	36, 3	V	142
			41, 2, 5	I	127
Hieronymus			Codex Justinianus		
Comm. in Jon.			1, 17, 2, 9	I	248
1, 3	III	14	10, 49, 1	I	248
Comm. in Osee					
66	I	59			
			Juvenal		
Hippokrates			Satiren		
περὶ ἀέρων ὑδάτων τόπων			6, 156 ff.	II	163
4	VI	169	10, 30	VII	62
Hippolyt			Lactanz		
Elenchos			div. inst.		
9, 18–28	II	35	7, 15, 11	Exk. XV	

f) Griechische und lateinische Schriftsteller

	Buch	Anm.		Buch	Anm.
Livius			Orosius		
ab urbe condita			historia		
2, 18	VI	105	7, 9, 8	VII	61
3, 5, 4	V	197		VII	83
5, 41, 2	VII	62			
8, 7	V	34	Ovid		
8, 17, 16	VII	4	am.		
9, 37	III	31	1, 2, 25	Exk. XX	
9, 45, 15	V	197	1, 2, 34	Exk. XX	
10, 7, 9	VII	62	1, 7, 36	Exk. XX	
10, 17, 10	VII	62			
10, 44, 3	VII	7	Pausanias		
10, 46, 3	VII	7	1, 1–32	VII	92
22, 18	Exk. XIV		2, 3, 5	I	241
23, 16	III	31	3, 1ff.	VII	92
23, 31	V	139	3, 35, 9	III	102
24, 37, 9	V	197	5, 7, 4	IV	142
25, 14	VI	59			
25, 16	VI	164	Petronius		
27, 18	III	31	77	VI	167
31, 12, 6	VI	42			
34, 53	VII	67	Philo		
37, 59	VII	76	de Abrahamo		
44, 9	II	230	95	V	148
44, 33, 10	V	197	Apologie		
44, 39	III	33	1	II	36
45, 10	VII	83		II	40
49, 14, 3	V	142	8f.	II	45
52, 24	Exk. XIV		10	II	39
periodia			13	II	78
11	VII	84	14f.	II	37
			Flacc		
Malalas			10	VII	29
260, 21 ff.	VII	54	13	VII	121
			46	VII	183
Martial			55	II	214
8, 28	VII	68	74	VII	192
			78	VII	194
Minucius Felix			96	II	80
33, 3f.	Exk. XV		heres		
33, 4	VI	105	197	V	84
			216–229	V	83
Julius Obsequus			226	VI	223
17 (76)	VI	141	leg. Gaj.		
41 (101)	VI	141	20	II	214
57 (118)	VI	141	23	II	112
			37	I	400
			38	V	164
Oracula Sibyllina			40	II	112
s. Reg. IVc			132	VII	74

IV. Stellen

	Buch	Anm.		Buch	Anm.
Philo			Philo		
leg. Gaj. (Forts.)			vita Mosis (Forts.)		
156	VI	165	2, 88	V	80
157	II	189	2, 98 ff.	V	185
	V	216	2, 101	V	82
178	Exk. XVI		2, 102 ff.	V	185
203	VII	183	2, 104 f.	V	82
212	V	64	2, 105	V	83
240	VI	165	2, 117 ff.	V	185
281 f.	VII	25	5, 274	Exk. XIV	
281	VII	183			
287	Exk. XVI		Pseudo Philo		
294	VII	183	Antiquitates		
305	VII	183	10, 3	V	150
312 ff.	VI	165	55, 9	V	153
317	II	189			
319	V	216	Philostratus		
334	VII	183	vita Antonii		
de mut. nom.			6, 29	VI	242
13	VII	67			
19	Exk. XIV		Pilger von Bordeaux		
45	VII	67		Exk. II	
87	Exk. XIV		Plato		
255	VII	67	Gorgias		
quod omnis probus			487 a	VII	4
5	VII	209	Kratylos		
75–91	II	35	399 d	Exk. XXIV	
75 ff.	II	40		VII	172
75	II	36	leg		
76	II	45	9, 873	III	86
78	II	41		III	87
	II	79		III	90
	V	150	10, 896 b	Exk. XXIV	
79	II	61	Phaedros		
80	II	56	81 a.c	Exk. XXIV	
81 f.	II	74	91 c	Exk. XXIV	
82	II	56	95 c	Exk. XXIV	
84	II	89	114 b	Exk. XXIV	
87	II	71			
89–91	II	61	Plautus		
quaestiones in Ex.			Persa		
2, 71 ff.	V	82	740–858	VI	231
2, 73–79	V	83	753 ff.	Exk. XX	
somn.					
2, 1, 1	Exk. XXIV		Plinius		
spec. leg.			hist. nat.		
2, 188	Exk. XIV		2, 108	III	67
3, 91	I	82	4, 16(30)	II	177
vita Mosis			5, 14(15), 70	I	200
2, 87 ff.	V	185		III	23

f) Griechische und lateinische Schriftsteller

	Buch	Anm.		Buch	Anm.
Plinius			Plutarch		
hist. nat. (Forts.)			Aem. Paul. (Forts.)		
5, 17	II	35		VII	70
	IV	108	32	Exk. XX	
5, 15, 2	III	112	34	VII	69
5, 18, 16	VII	13	Alexander		
5, 18, 74	I	42	25	VII	205
	I	58	vit. Ant.		
5, 19, 75	III	13	50	I	161
5, 20(18), 79	I	205	66	I	177
5, 21	VII	55	67	I	241
5, 31	VII	210	72	I	177
5, 37	VII	75	Cicero		
5, 68	IV	228	43	VII	36
5, 69	III	102	Galba		
5, 70	VII	92	4 ff.	IV	118
5, 71	III	106	Lucullus		
5, 72	IV	146	37	Exk. XX	
	VII	93	30, 2	II	173
5, 81	VII	114	Marius		
7, 3	VI	139	12	VII	84
7, 65	IV	145	17, 7	VI	141
8, 196	V	79	36, 7	II	173
	VII	68	Moralia		
9, 60	VII	62	900f.	VII	209
10, 21, 46	V	202			
12, 54,111ff.	IV	139			
12, 54, 113	IV	127	Polybius		
13, 9, 44	IV	137	hist		
13, 20	VI	151	1, 17, 11	VII	4
15, 15	VII	62	3, 55, 5	VII	73
15, 40	Exk. XX		5, 26, 1	VII	58
19, 11	VII	198	5, 70	III	100
19, 156	VII	95		IV	13
20, 131–143	VII	95	5, 71	I	25
25, 147f.	VII	98		IV	113
31, 18	VII	53	6, 39, 12	V	213
34, 3ff.	V	69	6, 39, 13–15	V	205
34, 34	VII	88	6, 19–42	III	32
35, 84	VII	100	6, 23	III	38
35, 102	VII	88	6, 26, 7	VII	2
35, 120	VII	88	6, 35f.	V	202
36, 190	II	110	6, 39	VII	7
37, 13	V	98	6, 53, 7	VII	62
37, 20	V	98	10, 15–19	VII	78
37, 31	V	98	10, 18	VII	17
			16, 30	VI	10
Plutarch			31, 3	VII	70
Aem. Paul.				Exk. XX	
32ff.	Exk. XX		31, 4	Exk. XX	

IV. Stellen

	Buch	Anm.		Buch	Anm.
Porphyrius			Strabo		
de abstinentia			Geographie (Forts.)		
4, 11–13	II	35	8, 3, 33	I	231
			8, 5, 1	I	241
Prokop			9, 1, 17	VII	87
de aedif.			11, 2, 7	I	224
1, 7, 3	VII	13	11, 8, 6	VII	128
bell. Goth.			12, 2, 4ff.	VII	92
1, 12	VII	86	12, 31	Exk. XVIII	
bell. Vand.			14, 5, 6	I	225
2, 9	VII	86	15, 3, 31	II	44
			16, 1, 18	I	98
Ptolemaios			16, 2, 12	I	205
5, 15, 16	VII	13	16, 2, 20	II	24
5, 15, 18	VII	114	16, 2, 28	III	102
			16, 2, 40	I	36
Quintilian				I	80
6, 3, 59–62	Exk. XX			II	29
				VII	93
Sallust				Exk. I	
Catilina			16, 2, 41ff.	VII	92
53, 3f.	VII	84	16, 2, 42	IV	142
Seneca				IV	143
ad Marciam				IV	144
20, 3	V	182	16, 7, 53	VII	144
epistolae			16, 24	I	270
88, 30	IV	24	16, 26	I	180
			16, 31	I	136
Solinus Polyhistor			16, 40	Exk. X	
35, 7–10	II	35	17, 1, 2	IV	208
			17, 1, 6ff.	IV	209
Sophokles			17, 1, 6	IV	208
Antigone			17, 1, 10	IV	226
256	IV	83	17, 1, 16	IV	225
409f.	IV	83	17, 3, 25	II	33
429	IV	83	17, 6–10	II	210
Elektra					
945	III	116	Sueton		
Trachinierinnen			Augustus		
708	VII	4	8	VII	7
			24	V	24
Stephan von Byzanz			25	VII	7
560	VII	114	29	II	21
			30	IV	220
Strabo			32	Exk. XVI	
Chrestomatie			52	I	190
11, 35, 37	VII	128		VI	12
Geographie			94, 5	VI	138
2, 1, 22ff.	VII	228	100, 2	VII	62
4, 6, 12	V	213	101	I	260

146

f) Griechische und lateinische Schriftsteller

	Buch	Anm.		Buch	Anm.
Sueton (Forts.)			Sueton		
Caesar			Vesp (Forts.)		
42	Exk. XVI		4	III	1
54	V	213		IV	205
67	VI	12		Exk. XV	
76	VII	64		Exk. XX	
88	VI	137	5	IV	204
Claud				IV	213
10	II	115	6	IV	203
28	VII	7		VII	56
34	VII	73	7	IV	225
46	VI	137	8	Exk. XVI	
Domitian				VII	13
1	IV	221	8, 1	VII	38
	VII	22	16, 19	Exk. XX	
2	VII	83	17, 18	Exk. XX	
10	VII	90	Vitellius		
12	VII	110	5	VII	204
Galba			6	IV	200
9	II	161	11	IV	198
11	IV	152	13	IV	200
12	IV	153	15	IV	202
14–16	IV	153			
15	IV	152	Sulpicius Severus		
Nero			Chron.		
19	III	130	2, 30	VI	108
32, 3	VII	62			
36	VI	137	Synesius		
40	IV	118	oratio de regno		
46	Exk. XIII		19	VII	4
47–49	IV	153			
57	VII	56	Tacitus		
Otho			Agric		
9–11	IV	178	7	IV	7
9	IV	179	13	III	3
Titus			42	VII	90
1	VII	4	Ann		
3	III	114	1, 8	I	260
4	III	6	1, 8, 3	VII	62
	III	115	2, 13	V	197
	VII	14	2, 17	VI	151
5	VI	152	2, 41 f.	Exk. XX	
	VI	177	2, 41	VII	75
	VII	60	3, 21	VII	7
6	VII	217	3, 23	VII	216
7	II	63	4, 5	II	213
Vesp				II	215
1–4	III	3	4, 40	II	6
2	VII	23	6	VII	130
4–6	III	96	6, 2	I	216

IV. Stellen

	Buch	Anm.		Buch	Anm.
Tacitus			Tacitus		
Ann (Forts.)			hist (Forts.)		
6, 40	II	128	1, 16	VI	168
12, 12	VII	55	1, 86	VI	139
12, 13	VI	199	2, 1	III	96
12, 14	VII	56		IV	158
12, 23	II	209	2, 2	II	163
12, 54	II	139	2, 5	IV	7
12, 55	VII	119	2, 8f.	VII	18
13, 7	VII	144	2, 25	VII	111
13, 37	VII	127	2, 59	II	201
14, 22	VI	137	2, 76	IV	76
14, 26	I	256	2, 78	I	191
	II	128	2, 80	VII	38
	VII	114	2, 84	VII	216
14, 29	VII	34	2, 87	III	31
14, 32	VII	45	2, 99	VII	50
14, 65	VII	121	2, 100ff,	VII	90
15	VII	129	3, 23	II	235
15, 1–6	II	28	3, 33	III	31
15, 1	I	256	3, 43	VII	207
15, 6	VII	12	3, 46	VII	47
	VII	13	3, 59	VII	45
	VII	14	3, 84	III	41
	VII	34	4	VII	44
15, 7	VI	105	4, 3	VII	38
15, 10	VII	112	4, 12	VII	43
15, 13–16	VII	34	4, 39	VII	43
15, 25	II	154	4, 43	III	79
	VII	34	4, 51	VII	56
15, 26	VII	13		VII	60
15, 28	II	162	4, 52	VII	60
	II	178	4, 54	VII	47
15, 47	VI	137	4, 63	V	143
15, 61	VII	121	4, 68	VII	43
15, 72	IV	153		VII	45
16, 5	III	2		VII	46
33, 3	VII	65		VII	60
dial			4, 85f.	VII	60
37	IV	7	4, 85	VII	46
hist			4, 86	VII	46
1, 2	I	4	5, 1	III	28
1, 5	IV	152		VII	12
1, 6	VII	128		VII	111
1, 10	II	154	5, 2	VI	256
	III	3	5, 3f.	V	156
	III	96	5, 6	III	124
	IV	7		IV	137
	VII	46		IV	144
	VII	61		IV	145

f) Griechische und lateinische Schriftsteller

	Buch	Anm.		Buch	Anm.
Tacitus			Thukydides (Forts.)		
hist (Forts.)			5, 34	IV	215
	VII	92	6, 60	V	218
5, 7	II	110			
	IV	148	Vegetius		
5, 9	I	83	1, 21	III	35
	II	14	2, 11	III	34
	II	108	2, 25	III	54
	II	139	3, 8	V	202
5, 10	II	154	4, 8	III	67
	II	231	4, 15	III	53
	V	139		III	56
	VI	177	4, 20	V	122
5, 11	V	130	4, 22	V	113
5, 12	V	168	4, 23	III	62
5, 13	III	96	4, 24	VI	10
	V	169	4, 25	IV	9
	V	220			
	VI	135	Vergil		
	VI	138	Aeneis		
	VI	142	2, 204	V	146
	Exk. XV		4, 173 ff.	III	103
5, 14–18	VII	43	6, 851 ff.	III	81
5, 26	VI	158			
			Vitruv		
Thukydides			10, 15	III	61
1, 33	VI	81			
1, 63	VI	13			
2, 8, 4	VII	4	Xenophon		
2, 39	VI	168	hell		
2, 65	IV	77	2, 2, 11	IV	215
2, 76	VII	160	5, 3, 18	I	98
3, 81, 5	IV	27	8, 3, 26	VI	81
3, 82	IV	96	memor.		
3, 82, 5 f.	IV	27	3, 5, 5	VI	168